评估方法及其应用

张辽宁 赵 师 著

吉林科学技术出版社

图书在版编目（CIP）数据

评估方法及其应用 / 张辽宁，赵师著 . -- 长春：
吉林科学技术出版社，2021.6（2023.4重印）
ISBN 978-7-5578-8318-8

Ⅰ . ①评… Ⅱ . ①张… ②赵… Ⅲ . ①评估方法－研
究 Ⅳ . ① C931.2

中国版本图书馆 CIP 数据核字（2021）第 125361 号

评估方法及其应用

PINGGU FANGFA JIQI YINGYONG

著　　者	张辽宁　赵　师
出 版 人	宛　霞
责任编辑	宿迪超
封面设计	李　宝
制　　版	宝莲洪图
幅面尺寸	185mm×260mm
开　　本	16
字　　数	220 千字
印　　张	10.25
版　　次	2021 年 6 月第 1 版
印　　次	2023 年 4 月第 2 次印刷
出　　版	吉林科学技术出版社
发　　行	吉林科学技术出版社
地　　址	长春净月高新区福祉大路 5788 号出版大厦 A 座
邮　　编	130118

发行部电话／传真　0431—81629529　　81629530　　81629531
　　　　　　　　　　81629532　　81629533　　81629534

储运部电话　0431—86059116

编辑部电话　0431—81629520

印　　刷　北京宝莲鸿图科技有限公司

书　　号　ISBN 978-7-5578-8318-8

定　　价　45.00 元

编者及工作单位

主　编

张辽宁　陆军装甲兵学院蚌埠校区

赵　师　陆军装甲兵学院蚌埠校区

副主编

张　政　陆军装甲兵学院蚌埠校区

童　云　陆军装甲兵学院蚌埠校区

李振松　63963 部队

邢　旺　陆军装甲兵学院蚌埠校区

编　委

孙文纪　陆军装甲兵学院蚌埠校区

左学胜　陆军装甲兵学院蚌埠校区

李　锰　陆军装甲兵学院蚌埠校区

杜　英　陆军装甲兵学院蚌埠校区

范晓霄　陆军装甲兵学院蚌埠校区

贾宇飞　63963 部队

张松昌　陆军装甲兵学院蚌埠校区

王　华　陆军装甲兵学院蚌埠校区

张志强　陆军装甲兵学院蚌埠校区

黄　伟　陆军装甲兵学院蚌埠校区

汤其超　陆军装甲兵学院蚌埠校区

尚玉金　陆军装甲兵学院蚌埠校区

闫家传　陆军装甲兵学院蚌埠校区

编写说明

　　随着信息技术、网络技术和智能技术等高新技术的快速发展和广泛应用，人们分析问题、解决问题的方式将越来越走向科学化、精确化、系统化。评估，作为分析问题和解决问题中不可或缺的一个重要环节，越来越受到人们广泛地关注和应用，在生活、生产、教育等方面的应用也越来越深入。因此，评估作为一种分析问题和解决问题的重要方法手段，对于指导人们有序开展各项生产实践活动，掌握生产实践活动效果以及制定科学决策等方面发挥着重要且积极的作用。

　　评估理论是一个多学科边缘交叉、相互渗透、多点支撑的新兴研究领域，有的从统计学角度对其进行研究、有的从系统工程角度对其进行研究、有的从复杂系统角度进行研究、有的结合具体的生产实践应用对其进行研究和完善。研究的出发点与基础不同，研究观点、倾向也不尽相同，使得评估理论和方法这一重要技术仍然处于一种分散、零乱的状态之中，已有的研究成果没有得到很好的推广运用。

　　近年来，国内外虽然出现了不少评估方法，但大部分评估方法纠其本质仍是经典评估方法在不同情况下的一种特殊表现形式，其研究具有一定程度的理论和应用局限。目前，关于评估方法的研究，应在开展理论研究的同时，注重对其应用案例的研究。然而，在这方面的研究中还存在着一些问题，主要包括：第一，在理论发展和实践应用之间还存在空白，缺少成体系的应用理论与案例研究；第二，方法往往结合某个现实问题独立地运用，缺少系统化综合研究和集成研究；第三，评估方法研究缺少对其特点和适用范围的明确界定。

　　本书从评估体系出发详细介绍了评估的概念、评估指标体系、权重、评估方法、评估案例等，具有代表性。本书的特点是强调先进性和实用性：一是突出评估体系的整体性；二是突出评估方法的简明性；三是突出在评估方法的应用。基于此，本书在基本理论的阐述上，力图做到思路清晰、步骤具体、便于应用。除第一章外，每章都有专门介绍实际应用的案例。书中一些应用案例引用了许多同志的研究成果，在此谨向他们表示衷的谢意。在编写过程中，我们参阅了相关著作、教材，吸收了有关专家的研究成果，在此一并表示感谢。由于编者水平和能力有限，错误和不当之处在所难免，敬请读者批评指正。

编　者

二〇二〇年十二月

目　录

第一章 评估概述

随着社会的发展，需要解决的问题越来越多，解决问题的办法也是层出不穷。然而，在解决问题时，我们常常需要运用科学的方法对问题进行评价和估量，也就是评估。评估是人们生产和生活中一项经常性的且极为重要的认识活动。从某种意义上说，评估对于决策有着非常重要的作用，评估是科学决策的前提，同时也是决策中的一项基础性工作。在我们的日常生活中，经常会遇到这样的判断问题：哪个地区的医疗水平高？哪个学生的素质高？哪个学校的声望好？在经济管理中也经常会遇到类似的问题，哪个企业的绩效好？哪个地区经济发展水平好？在对这些问题进行判断时需要从多个方面进行评估，比如，判断哪个高校的声望高，就要从被评估高校的教学质量、学生规模、师资水平、科研成果、服务社会等方面进行综合比较。要判断哪个企业的绩效好，就得从这些企业的生产状况、财务管理、营销状况、人力资源管理等多方面进行综合比较。

随着人们生产生活领域的不断扩大，面临的评估对象也日趋复杂。在对问题进行评估时不能只考虑评估对象的一个方面，需要全面地、从整体的角度考虑问题。评估者所处的位置不同，观察的角度不同，则对问题的理解也不尽相同。因此，人们从不同的评估目的、不同的角度探索了很多评估方法。所研究问题的不确定性和复杂性也决定了对评估有不同的要求。如果要对问题进行全面、科学、系统的评估，就必须选择合适有效的评估方法。

第一节 评估的相关概念

一、评估

20 世纪 70 年代以来，随着系统科学的快速发展及信息技术的广泛应用，评估作为科学管理的必要环节和重要内容，逐渐受到重视，并迅速扩展开来。评估按其字面意思理解就是评价和估计的合称。《现代汉语词典》，将"评估"定义为：评价、估计。评价是对人或事物的价值进行评定，估计是对事物做大致的推断。对确定性事物的评析或度量一般称为评价，对不确定性事物的评析或度量一般称为估计。评估即是评估者根据特定的目的和信息，对某一事物的价值进行定性和定量确定的过程。评估是对所研究对象或系统的某个方面或属性进行度量，并在此基础上作出判断。度量是按共同尺度进行数量计算和比较，是客观的。判断是对不能量化因素所作出的定性估计，是主观的。

在管理学中，将"评估"定义为：明确目标测定对象的属性，并把它变成主观效用（满足主体要求的程度）的行为，即明确价值的过程。在实际运用中，人们常将"评定""评估""评鉴"等作为"评估"的同义词来使用，而在英语中，与评估对应的词也有很多，如 Assessment，Appraisal，Evaluation，Measurement 等，比较丰富也相对混乱，但无论评估的同义词有多少，其本质含义没有变，都是对客观事物的价值进行认识和判断的活动。

其实，不论是评估还是评价，都是对被评对象的一种价值判断。从表面上看，评价就是评判价值的缩略词，而评估则在判定之外有估计的意思。一般认为，判定是确定性强的，而估计则是确定性弱的。事实上未非如此，将价值评判用于广泛的社会领域，价值的定义必然是广泛的，判定不可能是很确定的，也有着一定的估计性质。因此，评价与评估从确定性程度上并没有原则上的区别。但是从系统科学或运筹学的角度来看，评价与评估在运用中还是有细微差别的，评价常常与理论探讨相匹配，如评价理论、评价函数；评估则经常与实务结合，如质量评估、论文评估、项目评估、效能评估等。当然，也有混用的情形，如质量评价、社会效益评价、经济效益评价等。评价，作为名词其意义是对价值进行评判的结论；作为动词其意义是评判价值。被评判价值的对象，称为评价对象，它可能是机构、个人、人群、软件或硬件形式的产品等。对评价对象的价值进行判断并给出评价结论的，称为评价者，它可以是群体、个人或某种智能的客体等。

二、决策

决策就是对行动的事先选择，凡是根据预定目标做出行动和决定都称为决策。决策是管理的核心问题，决策活动是管理活动的重要组成部分。无论是宏观的还是微观的社会、经济问题，都需要进行科学的决策。决策合理与否，直接关系到任务的完成情况。由于社会问题、经济问题的复杂性，决定了影响决策的因素错综复杂，也使得各种问题的决策更加困难。为了避免决策失误，经常需要定性分析与定量分析相结合。为了更科学地决策，人们逐步引入了许多科学的决策思想和方法，并在实践中加以应用。

决策有广义和狭义之分。广义的决策可以理解为一个过程，人们对行动方案的确定，有一个决策就是定出计策、办法，也就是人们为拟制和选择未来的行动目标和行动方法，所进行的一系列思维活动和行为活动，并最后进行决断；狭义上，所谓决策就是做出一种选择和决定。决策是针对某个问题，为了实现该目标，人们在采取一项行动之前，总要考虑比较各种行动方案，然后才做出决定。这里的决策可以理解为方案选定的阶段，而把确定目标、拟定与设计方案等阶段视为决策之外的单独阶段。

决策是理性（rational）人经常需要进行的一种活动，同时也是非常重要的制胜手段。决策的核心是对各种活动的多个目标及途径作出合理的选择，以寻求满意的行动方案。在不同的时间和地点，只要有行动，就会有决策。因此，决策是人类社会活动的重要组成部分。任何决策都有一个过程，决策的过程一般包括：确定目标、收集信息、提出方案、方案评估、进行决策。决策是一个过程，这个过程的关键是评估，依据评估的结果进行决策。

三、预测

古人说："凡事预则立，不预则废。"人们在办任何事情之前，只有经过充分的调查研究、摸清情况、深思熟虑、有科学的预见、周密的计划，才能达到预期的结果；否则，不了解实际情况，凭主观意愿想当然办事，违反客观规律，将很难取得成功。预测是对事物的演化预先做出的科学推测。简单地说，预测就是从已知事件推测未知事件。预测是对所研究的对象或系统发展的趋势或关键事件给予度量与判断。由于未来的不确定性，预测只是一种有范围和有规则的推测，力求通过科学的逻辑推理，把不确定性减小到最低限度。毛泽东同志在《论持久战》中把我国的抗日战争分为战略防御、战略相持和战略反攻 3 个阶段，指出中国必胜，但又不能速胜，这是军事行动预测的光辉典范。

预测在概念上也有广义和狭义之分。广义的预测，既包括同一时期根据已知事物推测未知事物的静态预测，同时也包括根据某一事物的历史和现状推测其未来的动态预测；而狭义的预测，仅指动态预测，也就是指对事物的未来演化预先做出的科学推测。预测理论作为通用的方法论，既可以应用于研究自然现象，又可以应用于研究社会现象。将预测的方法、技术与实际问题相结合，就产生了预测的各个分支，如社会预测、经济预测、人口预测、科技预测、政治预测、气象预测、军事预测等。

预测作为一门科学，其科学根据是人类社会历史的发展、变化是有规律的，这种发展与变化是可以为人类所认识的。如：经济预测是根据经济发展过程的历史和现实，以准确的调查统计资料和经济信息和社会发展规律为依据，运用定性分析和定量分析相结合的科学方法，研究经济发展过程中的客观规律，并对各类经济现象之间的联系以及作用机理做出科学合理的分析，从已知事件推测未知事件，揭示各类经济现象和经济过程未来发展的可能途径和结果。这种对未来经济发展过程所作的科学判断或预见就是经济预测。

四、分析

分析是通过对研究对象的分解与剖析而进行研究的方式。分析问题是已知系统模型和系统属性结果值，求影响结果的各原因变量取值或取值范围的问题。简而言之，是量化的原因分析。例如，效能分析，是要在给定效能指标值下，求出影响效能指标的系统各性能参数对效能指标的贡献关系以及相互之间的数量关系。风险分析，是求出风险的各个因素对风险的影响关系及它们之间的相对数量关系。

从以上概念的分析可以看出，评估过程中要考虑评估者的价值判断和偏好，以定性为主，因此评估具有社会属性（主观性）。另外，评估的对象一般是客观对象，具有可重现性和客观性的衡量标准，使用的方法以定量为主。而评估理论正是要用定量化的方法来处理人的价值判断。

第二节　评估的组成要素

评估的组成要素主要包括评估目的、评估主体、评估对象、评估指标、权重系数、评估方法、评估结果等七个方面。

一、评估目的

首先，要明确评估的目的，这是评估工作的前提和基础。对某一事物进行评估，需要明确为什么评估，评估事物的哪一方面（评估目标），评估的精确度要求如何等。只有把这些问题搞清楚，评估才更具有针对性。

二、评估主体

评估主体是指对所研究对象的价值做出判断的个人或群体。评估主体在评估中的主要任务包括明确目的、提出问题、规定总任务和总需求、确定价值判断准则、提供偏好信息。评估中需要有评估发起者、评估实施者和评估结果的使用者。评估主体是评估的发起者，直接决定评估目的。评估实施者通常来自两个方面：一是具有被评估对象领域专门知识和技能的人；二是具有评估方法学知识和技能的人，也称专业评估人员。评估主体的选择非常重要，对评估的质量和可信赖程度有着重要的影响，也直接影响着评估活动自身的价值。

三、评估对象

评估对象即评估客体，对其准确界定是整个评估活动的基础。也就是被评估的人或事物，如装备、设备、方案、实力、能力等，通常是同类事物（横向）或同一事物在不同时期的表现（纵向）。具体的评估对象一般表现为以下几类：一是对评估对象进行分类。即把多个具有相近或相同属性的对象归为一类，这样有利于对客观事物进行科学的管理。比如，在作战仿真中，把步枪、坦克火炮归为直瞄武器，而把迫击炮、榴弹炮归为间瞄武器，这样有利于建立模型并进行效能评估；二是对上述分类的序化。即在第一类基础上对各个小类按优劣排出顺序。比如，在直瞄武器中，坦克炮比步枪的火力效能指数要大；三是对某一对象作出整体评估。这类评估需要有一定的参考系，否则无法做出评估。如果已经有了一些同类事物的评估结果，就称其为训练样本。在分析样本的基础上，将评估对象与这些训练样本进行比较，用训练样本的先验信息对该对象进行评估。

四、评估指标

评估指标是指根据研究的对象和目的，建立能够反映研究对象某一方面情况的特征依据。每个评估指标都是从不同侧面刻画对象所具有的某种特征。指标体系是指由一系列相互联系的指标所构成的整体。它能够根据研究的对象和目的，综合反映对象各个方面的情况。指标体系不仅受评估对象与评估目标的制约，而且还受评估主体价值观念的影响。

五、权重系数

相对于评估目标，评估指标之间的相对重要性是不同的。评估指标之间的这种相对重要性大小可用权重系数来刻画。指标的权重系数，是指标对总目标的贡献程度。显然，当评估对象及评估指标都确定时，评估的结果就依赖于权重系数，权重系数确定合理与否，直接关系到评估结果的可信程度。

六、评估方法

评估方法是在评估理论指导下进行具体评估采取的途径、步骤和手段等。评估方法是通过一定的数学模型，将多个评估指标值合成为一个整体性的综合评估值。用于合成的数学方法有很多，如何根据评估目的及评估对象的特点选择合适的方法是评估的关键。评估方法一般有定性方法、定量方法和定性定量相结合的方法三类。

七、评估结果

评估结果是对被评对象在建立评估指标的基础上，运用科学方法进行评估得出的结论。评估结果是进行决策的依据。应该注意的是，要正确认识评估方法，理性看待评估结果。评估结果具有相对意义，一般用于性质相同的对象之间的比较和排序。

第三节　评估的主要类别

评估是评估主体根据评估目的和评估标准对评估客体进行认识的活动。评估是一种主体性活动，会随着评估主体的变化而不断发生变化。评估主体既要结合现有的、具有可操作性的评估方法和技术，同时还要考虑评估的环境。从评估的概念可知，评估涉及评估主体、评估客体、评估目的和标准、评估技术方法及评估环境，将这些要素有机地结合起来，就形成评估系统。

评估的实质是主体对客体的一种反映，而且这种反映是主体根据自身的某种需要，选用一定的指标、模型和方法做出的，显然评估具有一定的主观性。也就是说，评估是一种主观性活动。它的结果随着评估主体、客体、环境的不同而不同。这种差异在很大程度上是由主观意识产生的。评估虽然受人为主观的影响，但其本身仍具有一定的客观性，这是因为评估客体即评估对象具有自身真实的价值、属性。评估标准是判断评估客体水平优劣和价值高低的参照系，也必须有客观的依据。评估标准虽然受到主体的影响，但还是具有一定的客观性。认识评估主观性和客观性的特点，便于人们在实践中正确地认识评估对象，真实地去反映评估对象，从而能够在对客观对象的认知过程中，充分地发挥评估主体的能动性和创造性。

对事物进行合理分类是对其进一步研究的前提和基础。根据不同的标准，评估可以划分为不同的类别，主要有以下几种典型的划分方式：

按评估性质划分，评估可以分为社会评估、经济评估、技术评估、财务评估、可持续评估和综合评估等。

按评估过程划分，评估可以分为事前评估、事中评估和事后评估。其中，事前评估，是指方案实施前的预评估，它具有一定的风险，要对评估的风险和可靠性做出分析；事中评估，是在方案的实施过程中评估环境的改变对方案的影响；事后评估，是评估实施结果与预期结果的一致性，风险分析与实际情况的吻合性。

按评估方法划分，评估可分为定性评估和定量评估。所谓定性评估是指从宏观上对事物进行把握，是对事物"质"的规定性进行科学的评价和估计。定性评估的基本思想就是评估者利用所掌握的情况、资料，依靠其经验、知识和综合分析能力，对事物进行判断。定性评估作为一种常见的评估方法，对于不易量化的事物进行评估具有一定的优势，并有着广泛的运用。其特点是对经验的依赖程度高，评估精度较低，但适用于指标项目较少且难以定量的简单评估。常用的以定性为主的评估方法有：经验对比法、综合意见法、主观概率法等；而定量评估是指评估者运用数学理论，对事物可量化的部分进行精确分析，主要是从事物"量"的规定性方面，通过建构评估模型，借助计算机等现代化计算工具，对衡量的指标进行量化分析，从而获得对被评估事物的科学认识，形成评估结论的方法。定量评估方法具有严谨、精确、可比性强等优点。

按评估主体划分，评估可分为内部评估和外部评估。内部评估是指由评估活动的直接参与者对自己所从事活动的效果和影响进行价值判断。由于内部评估是一种自我认识、自我总结、自我修订与完善的过程，有利于充分地调动主体的积极性、主动性和创造性。内部评估主要着眼于系统内部组织结构的评估。其特点是着眼点比较明确、具体，确定评估内容相对容易，指标体系量化的难度相对较小，操作性比较强。其局限性是不能直接获得系统外部功效的度量；外部评估是指评估者置身于评估活动之外，为了对该活动做出客观评价以及探讨改进方法而进行的评估。一般包括上级主管部门组织的检查性、认可性、鉴定性评估，专家、同行的评估和意见。外部评估主要着眼于对评估活动外部功能的评估。尽管主观因素会对评估结果产生影响，但并不能改变评估客体的客观存在性。

按评估模式划分，评估可分为传统评估模式和现代评估模式。传统评估模式是目前最常用的一种评估模式。如各单位一年一度的"评先"即为其中一例。这种评估本质上以定性分析为主，主观成分较多；另一种是现代评估模式。这种模式由于指标体系较全面、规范，评估方法可借助于量化分析，使指标体系能够进行计算，并可通过计算机软件实现，代表着评估的发展方向。

第四节　评估的功能要求

评估在管理决策活动中具有重要的功能，由于评估是很专业的一项工作，也有着特定的要求。

一、评估的功能

（一）鉴定功能

鉴定是指对工作和结果的鉴别与评定。依据评估标准判断被评对象达到目标的程度，用标准与对象进行比较，以标准鉴别对象的过程。根据不同的需要，体现这种功能可采用不同的形式，如评语、评定、认定、鉴定等。通过鉴定区分优劣、辨别真伪、分等定级，为认可、选拔、评优、管理服务。鉴定是评估的基本功能，其他功能是在科学鉴定的基础上实现的，只有认识对象才能改变对象。"鉴定"首先是"鉴"，即仔细审查评估的对象，然后才是"定"结论。科学的鉴定应该在事实判断之后才作出价值判断。

（二）引导功能

评估可以引导管理决策者按正确的方向进行决策活动。一般来说，引导功能表现在以下方面：一是对评估对象在今后发展中应注意的方面加以引导。如在教学制度、思想工作方面加大力度抓落实等；二是为管理评估对象的机构在类似的评估活动中提供指导。如各项工作在评估之后要注意检查落实等；三是对于社会的需求及舆论进行引导。如果通过评估发现某些单位的安全保密工作有重大问题，为引起其重视和教育本单位，就应该向内部进行通报；四是对研究者的研究方向加以指导。当评估指出某些有待改进的方面时，研究者便会集中精力去探讨如何改进。

（三）调控功能

各领域中的管理都有着调控作用，在其运行过程中，根据反馈信息不断地调整行为，以期实现预定的目标。评估工作用科学方法系统地收集信息，对其加以分析，做出肯定或否定的评判，对优点继续强化，对缺点加以改进，以期提高管理的水平。当然，评估本身不是调控，而是替有关方面提供调控的依据，是改进管理的前提工作。在第二次世界大战初期，许多英国商船在地中海由于受敌机袭击损失严重，为此，在商船上安装了高炮。但不久的事实证明，商船上训练较差的炮手很难把敌机击落，而战争期间到处都急需高炮。有人建议把商船上的高炮转移到岸上或战斗舰上，以提高击落敌机的概率。这就需要对商船安装高炮的合理性进行评估，安装高炮的目的并不是为了击落敌机，而是为了保护商船，因为海上物资运输关系到英军整个地中海地区作战活动的进行，对战争全局有重大影响。根据统计，安装高炮的商船有 10% 被击沉，而未安装高炮的商船有 25% 被击沉。这说明在商船上安装高炮对实施保护商船的评估是十分有效的。

（四）激励功能

通过评估能激发评估对象的积极性，产生努力学习、认真工作、奋起直追的效果。评估的激励作用受四个方面的影响：一是评估本身含有目标。评估对象必然为达标而积极工作；二是评估有结论。肯定的结论使评估对象受到鼓舞，享受到成功后的喜悦，增强信心。如果有否定的结论，也可使评估对象从中吸取教训，找到差距，改进工作；三是评估有"压力"。多数评估不只有单一的对象，评估后自然有横向的比较。在相似的条件下，为什么有的得到好评，有的却不能，能够引起思考，激发竞争的热情，使"压力"变成"动力"；四是评估关系到评估对象的利益。评估结果可能影响到评估对象的声誉或待遇，这种与功过得失有关的评估会让评估对象高度重视。评估过程往往在较深的层次上影响人们的工作动力，激励人们自我发展、自我完善。

二、评估的要求

（一）建立评估规范

评估是一项专业性很强，技术含量很高的研究活动，需要建立评估标准和规范体系。如美国的国会技术评估办公室（OTA）是美国国会的评估机构之一，其任务在政府法律中都做了明确的规定；另外，为了确保评估质量，许多评估机构都制定了专业化的评估规范，要求评估者必须具备一定的资格和特定的能力，对使用数据的可靠性和评估结果的局限性要加以说明，评估活动的设计和实施必须符合规范要求，尤其是强调所采用评估方法的合理性一定要经过论证。

（二）服务决策活动

为决策服务是评估活动的基本目的，独立性、客观性是评估活动的要义。为了给决策者提供有用的分析结果和可靠的信息，必须保证评估方法的选择、评估活动的设计、实施及评估报告的完成是独立的、客观的。为决策服务的宗旨并不抹杀评估活动自身的规律，而"独立性、客观性"也并不妨碍委托者与评估者之间的沟通与交流。无论是形成评估问题，建立评估方法，还是确定评估结果的表达形式，都是以委托者的需求为依据。各评估机构还应该注意加强评估理论和方法的研究，一项大的评估项目，往往会针对评估问题的特点，设计一套评估方法，这也是评估活动具有重要价值的原因之一。

（三）确保评估质量

评估要有明确的目标，这也是确保评估质量的关键要素。评估目标明确的项目，其评估结果发挥的作用就大；另外，作为委托者，要想达到最优的决策结果，需要对评估对象运用多种方法进行理性的判断。不要期望一次评估就能解决所有可能出现的问题，评估者通常都是选用一些成熟、简明、实用的评估方法，这样才能保证评估质量。

第五节 评估的基本步骤

评估是一个复杂的过程，包含统计、分析、对比、思维等一系列活动，需要分析与综合，需要定量分析和定性判断相结合，评估有如下基本步骤：

一、确定评估目的

确定评估目的是进行评估的第一步。评估目的是评估活动要达到的预期结果，它是评估的出发点，同时也是整个评估活动的落脚点。在实际的评估活动中，评估目的不同，所涉及问题和范围的复杂程度也不同。即使是对同一评估对象进行评估，评估的内容、标准以及方式方法也会不同。在确定评估目的的基础上，应全面认识评估对象，把握对象的特性，找出影响对象的各个因素以及它们之间的关系，再制定评估计划和方案。

二、构建指标体系

指标是保证评估工作客观、全面、科学的前提和基础，它由指标名称和指标数值两部分组成。指标名称反映评估工作的含义和范围。指标数值体现的是指标数量方面的特征。对每一个评估对象需要建立具体的、可测的和可操作化的标准。所谓指标体系，是指在评估活动中，一系列相互关联的评估指标构成的有机整体。进行评估的必要前提就是要有一个完整的、能反映评估目的和要求的指标体系。单一的评估指标只能反映评估的一个方面或一个局部的状况，只有指标的集合，即指标体系，才能反映评估目标的全部内容。为了客观、全面地认识被评对象，保证评估的科学性，就必须建立评估指标体系。指标体系的建立，实质上是确定评估的内容和每一评估指标在整体中的地位，同时也是进行评估的前提条件。

三、搜集掌握信息

评估信息是描述评估对象的各种信息，评估信息的针对性、真实性、完整性和及时性，是得出正确评估结论的基础。获取评估信息是进行评估的重要一环。评估主体需要根据评估目的和预定的计划方案，安排评估人员严格、认真、细致地进行实地（或实验室）评估，进而获取评估信息。无论是综合评估，还是单项评估，都会涉及多方面的评估信息，由此也带来了评估信息的多样性。概括起来有以下几种：一是白色信息，此类信息既清晰又准确，完全可以用数学的方法加以描述和处理；二是模糊信息。对状态不能做出准确描述的信息，称之为模糊信息。比如，在德尔斐咨询法中，专家的意见是十分重要的，但他们的意见是实践经验的产物，也难免要带有一点模糊性。对于模糊信息，采用模糊数学中提供的模糊集与隶属函数的方法，可以使之清晰化；三是灰色信息。部分明确、部分不明确的信息，称之为灰色信息，其最大特点是数量与范围不清。

四、评估数据处理

获取原始数据之后，需要将获得的数据加以整理、分析，剔除虚假和不适用的部分，运用各种统计方法和手段，找出资料之间的内在联系，得出具有规律性的、有价值的结论。先计算单项指标评估分值，然后将指标量值与指标的权数相乘，得到每项指标的单项评估分值，完成"二次量化"。然后将各项指标值相加，求得评估对象的最终评估值。数据处理应建立合理的数据聚合模型，从底层指标向上逐层聚合数据，得到评估结果。数据聚合的正确与否直接影响评估结果的可信度。常用的数据聚合方法主要有四种：模糊综合评判法、串并联法、惩罚函数法和短板效应法。

五、形成评估结果

形成评估结果就是根据计算、统计的结果，对所获得的评估数据进行统计、汇总，再根据统计、汇总的结果，得出最终结论。主要内容包括：研究的问题及其范围；研究问题运用的方法；问题发生的时间、地点及产生的结果；各种指标的数量关系，计划与实际的比较；经验总结与问题的分析，解决问题的措施、建议及展望等。评估结果的分析要做到文字简洁流畅、逻辑关系严密、层次清楚、结构紧凑、数据真实可靠，说明问题实事求是，对于问题的分析深入浅出，有论点、有论据、有分析、有说服力。

综上所述，评估的步骤如图 1-1 所示。

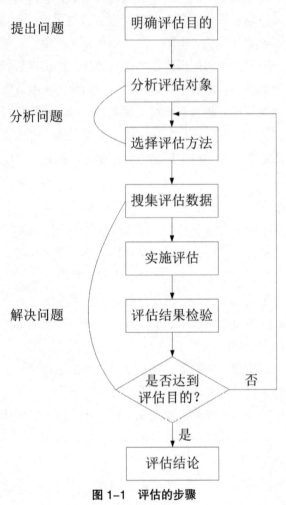

图 1-1　评估的步骤

第二章　评估指标体系

评估指标体系，是针对评估问题和对象的属性、特点以及要求等，建立的由若干个评价指标按照评价对象的内在规律和逻辑结构排列组合而成的有机整体和集合。确定评估指标体系是进行评估的前提和基础。评估指标的选取和处理，评估指标权重的计算，对于提高评估结果的科学性、准确性和客观性，全面深入地认识评估对象属性特质具有重要意义。

第一节　评估指标体系的分类

不同的目标结构会带来不同的评估指标体系结构形式，常见的评估指标体系的结构形式有递阶层次型评估指标体系和网络型评估指标体系。

一、递阶层次型评估指标体系

根据评估指标体系的目的需要，通过分析系统的功能层次、结构层次和逻辑层次建立相应的评估指标体系。在现实评估问题中，评估体系常具有层次结构，简单易用，一般包含三个层次：目标层、准则层和方案层，形成多层次的评估指标体系，如图2-1所示。

评估体系最上层的总目标一般只有一个（如通信方案优劣等），一般比较含糊、笼统、抽象，不便于量化、测算、比较、判断。为此，要将总目标分解为各级准则、子准则，直到相当具体、直观，并可以直接或间接地应用备选方案本身的指标（属性的性能、参数）来表征的层次为止。在层次结构中，下层准则比上层准则更加明确、具体并且便于比较、判断和测算，它们可作为达到上层准则的某种手段或条件。下层子准则集合一定要保证其上层准则的实现，子准则之间可能保持一致，也可能相互矛盾，但都要与总目标相协调，并且尽量减少冗余。

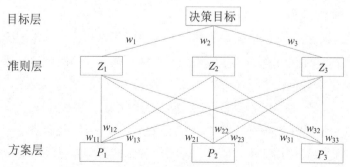

图2-1　评估指标体系的递阶层次结构

二、网络型评值指标体系

在结构比较复杂的系统中，若出现评估指标难于分离或系统评估模型本身尚未确定的

11

情况，应使用或部分使用网络状的评估指标体系。系统的某一层次可处于支配地位，又可处于被直接或间接地接受其他层次支配的地位，既存在层次结构，又存在支配结构。网络型结构内部描述由两大部分组成：一部分是控制层，包括问题目标及决策准则；另一部分是网络层，由所有受控制层支配的元素组成，且元素之间有相互作用，如图2-2所示。

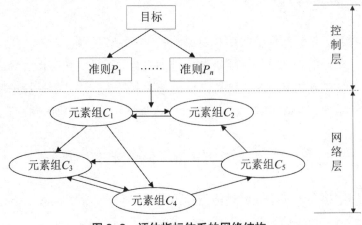

图2-2 评估指标体系的网络结构

（1）控制层。它实际类似一个递阶层次结构，层内的所有准则彼此独立，下一个准则只受上一个准则支配。控制层在网络层次结构中是顶层、是最高层次、也是最高准则；

（2）网络层。它由若干元素集构成，彼此互不隶属，互不独立。网络层体现了评估元素的本质特征，每个元素或元素集彼此都不独立，某一元素集可能影响整个网络系统中的任一元素集，反之亦可能受其影响。

第二节 评估指标体系的建立原则

在评估活动实践中，评估指标的选取既不是越多越好，也不是越少越好。评估指标过多，存在重复性，会受干扰；评估指标过少，可能所选的指标缺乏足够的代表性，会产生片面性。因此，在建立评估指标体系时应该遵循以下基本原则：

一、科学性原则

科学性原则是指评估标准体系的建立必须是科学有价值的，能准确地按照问题的规律和客观要求，提高评估活动的工作效率。科学性原则是评估的生命。评估科学化的核心是按照科学精神进行评估，要根据可靠的知识和合理的价值观进行评估。指标的设计应该科学，指标的定义、计算方法等不能离开问题及其相关概念的基本理论，每一个指标的名称、定义、解释、计算方法、分类等都要讲究科学性、真实性、规范性。

科学性原则主要包括三个方面：一是要求确定的评估指标体系是科学的。要针对评估内容，分析研究评估对象的规律，探讨评估科学化的途径和原则；二是指标含义要明确，尽量减少歧义；三是对评估指标进行计算、测评所采用的方法也必须是科学的。评估不仅包括的内容很多，涉及的因素也很复杂，许多因素不能定量。因此，确定的指标必须既适于定量分析，又利于定性分解和综合量化，能够真实地反映所要评估的具体问题。

二、可操作性原则

可操作性主要从数据可得性分析，考虑到指标的可取性、可比性、可测性、可控性。指标不是选取的越多越好，要考虑到指标的量化以及数据取得的难易程度和可靠性。做到评估指标及设计方法易于掌握，所需数据易于统计，并尽可能地利用现存的各种统计数据，选择主要的、基本的、有代表性的综合指标作为量化的计算指标。

可操作性原则主要包括四个方面：一是选取指标时充分考虑定量指标与定性指标的结合，可量化的指标尽可能用数值表示，不能量化的指标要作质的规定，进行定性转化。同时，为了保证指标的客观性，指标评估的结果应可以校验；二是测评数据的获得要具有可操作性，易于采集、测算和利于评估活动的实施，数据的获得也要简便易行；三是评估的指标标准应具有一定的阈值范围，在评估中建立的指标应允许合理的修正；四是评估指标量化的方法或者模型不能过于复杂。

三、层次性原则

关于某一对象或某一问题的评估通常是一个包含多层次的系统，指标体系应该包含自上而下的各个层次。层次性原则是指评估标准体系的建立必须根据评估内容的内在关系，划分层次，形成递阶层次结构的评估标准体系。在多指标评估体系中，要由评估总指标向下层指标逐渐分解，对指标进行分类、分层。指标系统逐层分解的目的是得到更具体的指标，以便进行量化。从不同的评估角度出发，有不同的分类结果，但最终要形成层次分明的树状评估指标体系。

层次性原则主要包括两个方面：一是递阶层次结构中的指标相互独立，互不交叉，互不包含。这一方面反映了指标体系的科学性和精确性，同时又兼顾到了完整性和全面性方面的要求；二是在数据集成时，应按照递阶层次结构的方向，由最底层的指标开始，并逐级向上一层的指标集成，最后得到综合评估值。

四、针对性原则

针对性原则是指评估标准体系的建立必须针对特殊的对象、范围和层次进行总体设计，有针对性地选定指标。针对性原则是确定指标的基本原则。针对性原则要求评估指标必须针对被评估对象的共同属性，客观反映对象属性中的共性。

针对性原则主要包括三个方面：一是指标体系的提出要符合评估内容的实际，针对不同的内容和特定的对象；二是在各个层面上，指标体系中的指标要能够有针对性地反映评估的目的。指标不是越多越好，要选取最适用、最恰当的指标；三是指标体系的建立必须遵循评估内容固有的规律。

五、全面性原则

面性原则是指评估标准体系的建立必须全面反映问题的普遍原则，并能从这些指标中得出对问题评估对象的全面认识。全面性原则是指标科学性的重要品质。遵循全面性原则，必须制定一个完整的评估标准体系，不能遗漏任何重要指标。

全面性原则主要包括以下两个方面：一是指标数量要适度，在充分覆盖和反映评估问题要素的基础上，选取综合性强的指标，保证指标尽量少、覆盖尽量大。这样，既反映了指标体系的科学性和精确性，同时又兼顾到完整性的客观要求；二是要全面考虑指标的认可度和可操作性。如果指标不易测量或测评数据难以采集等，也会失去评估的意义。因此，指标的测评要简明扼要，统计资料收集方便，指标设立要层次鲜明、重点突出、便于计算。

六、定性与定量相结合原则

任何事物都具有质的规定性和量的规定性，但对于一些在目前认识水平下难以量化且意义重大的目标，可以用定性指标来描述。既可使评估具有客观性，便于数学模型处理，又可弥补单纯定量评估的不足及数据本身存在的某些缺陷。定性评估是指对那些不容易用数量表示的指标进行评估，如人员的思想状况、规章制度的落实情况、各种保障预案的实用性等。对这些因素，只能根据经验统计分析和主观判断来解决。定性评估的标准一般是一些抽象性的原则，把握这些原则的界限往往因人而异的，所以评估标准的客观性难以掌握。为了对评估问题进行科学准确地评价，必须将反映评估问题基本特点的定性指标定量化、规范化，为采用定量方法评价奠定基础。定量评估是指对那些可用数量表示的指标进行的评估，并且其结论是用数学语言表述出来的，这样就增强了可操作性，较定性评估使用的抽象概念要具体而准确得多。在实际评估指标建立过程中必须坚持定性与定量相结合的原则。

七、稳定性和动态性相结合原则

稳定性和动态性相结合原则要求既要有反映目前的指标，同时也要有反映变化的动态指标。但是指标体系应该在一定的时间内保持一种相对稳定的状态，以便于衡量一定时期内问题评估的发展状况。动态地来看，评估问题与对象是一个不断发展变化的系统，在不同时间范围内，该系统的主要矛盾也是处于不断变化之中。因此，应该对该系统在不同发展阶段的行为特征进行具体的分析，而相应地系统不同发展阶段的评价指标体系应该是一个动态过程。但考虑到评价在不同时段的可对比性，评价指标体系又应该在一定时间内具有相对稳定性。静态评估反映的是评估的稳定性，是动态评估的基础。而动态评估反映的是评估的灵敏性，是静态评估的深化与实用化。因此，需要根据实际评估问题需要，在建立评估指挥体系过程中采用静态与动态相结合的建立方法。

八、客观性原则

指标体系所采用的概念、术语与方法等应尽可能与已成熟或得到公认的研究方法保持一致或保持一定的继承性；同时，指标体系应具有一定的柔性，与反映某些不确定的内在特性不发生矛盾，且可随着研究任务的改变而进行调整、补充。

九、系统性原则

选定的指标体系要能全面完整地反映，要对所选参数明确定义和说明，以分清其边界和条件及其量值的计算方法。选出那些基础的、关键的指标，同时评估指标体系要尽量覆盖各个组成部分。

第三节 评估指挥体系建立的一般过程

建立评估指标体系需在全面分析评估对象或系统的基础上，首先建立初始评估指标体系（评估指标草案），经过广泛征求专家和有关部门的意见，反复交换信息，统计处理、整理筛选、综合归纳等，确定最终评估指标体系。因此，评估指标体系的建立是一个不断反复和深入的过程，其建立程序如图 2-3 所示。

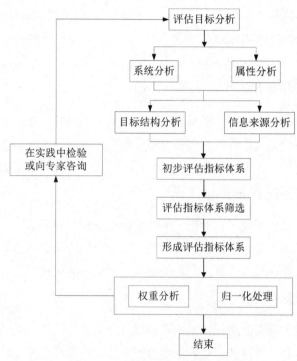

图 2-3 指标体系建立程序

一、目标分析

评估是为了达到一定的评估目标，不同的目标反映了评估主体对评估对象不同的关注领域和聚焦点，影响着评估活动不同的着眼点和价值指向，进而决定着评估指标内容体系。因此，目标分析是建立评估指标体系的前提，同时也是建立指标体系应该首先进行的一项重要工作。

二、系统分析

采用系统的观点和方法，结合评估目标对评估对象或系统进行分析，弄清影响评估对象或系统的各种影响因素，并理清各因素之间的关系。

三、属性分析

对影响评估对象或系统的各因素特点进行分析，建立与之相适应的指标，弄清各指标的类型属性，为获取评估指标数据奠定基础。指标的类型属性指的是每个指标是定性指标

15

还是定量指标，是静态指标还是动态指标等。

四、目标结构分析

不同的目标结构，会带来不同的评估指标体系结构形式。常见的结构形式有以下三种：一是层次型评估指标体系，通过分析系统的功能层次、结构层次、逻辑层次建立相应的评估指标体系；二是网络型评估指标体系，当评估指标难于分解时，应使用或部分使用网络状的评估指标体系，并明确相关关系；三是多目标型评估指标体系，对复杂系统而言，追求单一目标评估往往具有很大的局限性和危害性，应建立多目标评估体系。在多目标评估体系中，每个目标的评估指标体系可以是层次型的，也可以是网络型的，甚至可以分解为多目标型。

五、信息来源分析

对信息来源的分析，可以加深对评估对象或系统的理解，也可以通过掌握的第一手资料更准确地对评估对象或系统进行分析。指标信息的来源通常有以下几种：有关数据库、公式计算、统计分析、专家咨询和主观估计。

六、形成初步的评估指标体系

上述各项工作完成后便可以形成一个初始的评估指标体系，这一初始的评估指标体系基本包含了影响评估对象或系统的各种因素，是一个较为全面和系统的评估指标体系。也正因为如此，这一评估指标体系往往较为庞大、计算较为不便。

七、评估指标筛选

是对建立的庞大复杂的指标体系中各指标进行贡献率分析，选择达到一定贡献率的指标组成评估指标体系。指标初选可采用筛选的方法，即首先列举尽可能多的指标，然后从大量的指标中选取具有代表性、能反映评估对象或系统本质的重要指标，形成既能反映评估对象或系统，又方便评估实施"简而精"的评估指标体系。

八、权重分析

权重是各指标对总目标的贡献程度的量度，通过权重分析，可以得到具体指标在整个评估指标体系中的地位和对评估目标的影响程度。

九、归一化处理

归一化是指标间相互比较的基础，主要目的是解决评估指标由于属性不同、量纲不同，导致不同指标之间难以进行横向比较的难题，是进行总体评估的前提。

十、专家咨询

反复征求专家、业务机关和有关专业人员的意见和建议，最终形成一个可供实际操作的评估指标体系。也可以在实践中根据实际需要，按照上述程序不断地对评估指标体系进行修改和完善，或者将评估指标体系运用于评估实践的初步评估活动中，并根据评估活动的实际情况，进行修改完善，最终确定科学、全面、准确的评估指标体系。

第四节　评估指标体系建立方法

建立评估指标体系建立主要基于还原论方法基本思想。还原论方法，强调将被研究的问题分解为多个子问题进行研究，根据研究有结果再一层一层地返回以求得整体问题的解答，这也是常见的分析方法之一，在 20 世纪的各类科学研究中应用极有成效，如物质组成的研究，分解为不同的物质、元素，产生了元素周期表，再分解为分子、原子，再分解为质子、中子、电子，再分解为……，产生了一系列的科研结果。还原论使大量相互联系、相互制约的因素条理化、层次化。指标体系集中反映了评估目标的主要特征和层次结构，区分各层目标和单个目标对系统整体评估的影响程度。建立评估指标体系主要基于还原论基本思想，具体采用专家直接确定法和德尔菲法。

专家直接确定法简单易行，节省时间，可以发挥专家的个人才智，通过讨论会，可以激发创造性思维；但由于参加会议的人数有限，不能更广泛地搜集各方面意见；会议有时易受领导或权威的影响，不能真正畅所欲言和充分发表意见。

而德尔菲法可有效克服专家直接确定法的缺点。该法又称专家调查法，它是 20 世纪 40 年代由美国兰德公司研究人员赫尔马（O.Helmet）和达尔齐（N.Dalkey）首先提出的。德尔菲是古希腊一座城市的名称，同时也是阿波罗神庙的所在地，德尔菲也含有集中众人智慧与经验之意。下面介绍用德尔菲法建立指标体系的过程。

一、基本定义

定义 2.1　对于实数数列 $\{a_j\}_{j=1}^n$，如果存在实数 M，满足数列中有 1/2 不小于 M，有 1/2 不大于 M，则称 M 为数列 $\{a_j\}_{j=1}^n$ 的中位数。

定义 2.2　为数列 $\{a_j\}_{j=1}^n$ 的中位数，则小于等于 M 的 1/2 数项的中位数称为数列 $\{a_j\}_{j=1}^n$ 的下四分位数，记为 Q^-；大于等于 M 的 1/2 数项的中位数称为数列 $\{a_j\}_{j=1}^n$ 的上四分位数，记为 Q^+。

定义 2.3　对于递增数列 $\{a_j\}_{j=1}^n$，若有 e>0，满足 $Q+-Q-=e(a_n-a_1)$，则称 e 为数列 $\{a_j\}_{j=1}^n$ 的集中系数。集中系数越小越集中；反之，则数列越分散。

例如，设数列 $\{a_j\}_{j=1}^n=\{2.8,3.0,3.2,3.5,4.6,2.6,3.7,4.0\}$，则中位数 M=3.5，上四分位数 Q^+=4.6，下四分位数 Q^-=3.2，集中系数 e=（4.6-3.2）/（4.0-2.8）=0.33。

二、德尔菲法的基本思想

德尔菲法是专家咨询法的一种，作为集中多位专家意见的有效方法，被广泛用于规划、计划、评估、预测和建议方面。德尔菲法的特征有以下几点：

（1）由主持人采取保密的方式与其选定的若干名专家（通常有十多名）征询；

（2）主持人精密设计沟通的内容，以咨询的方式传送，在收到专家们的回答后，主持人进行关于意见集中程度的统计，并纳入下一次沟通的内容；

（3）沟通—统计—再沟通—再统计，反复多次，直到集中多数满足要求为止；

（4）对选定的专家名单保密不外泄，也不让专家之间彼此知道；对每次沟通的结果只以统计的形式再进行沟通，而不透露其他人的意见。这样做的目的是防止少数权威专家影响其他专家的意见。将德尔菲法用流程图的形式表示，则如图2-4所示。

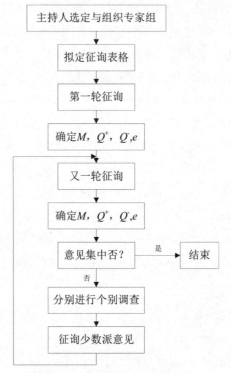

图2-4　德尔菲法的基本思想

征询往往采用问卷调查的形式，征询表格要精心设计，问题要浅显易懂、易于回答，征询表格的形式总是要求专家给予数量的回答。一般来说，征询的次数不宜过多，否则，容易使被咨询者产生厌倦心理。特别地，如果采用问卷调查形式，三轮下来就足够了。

例如，进行通信枢纽配置地域选择时，某一配置方案在符合总体通信方案方面的得分，用德尔菲法调查，可设计类似表2-1的形式，要求只在同意的一栏中打√，其他栏目空白。

表2-1　德尔菲法调查表

得分	5（很好）	4（较好）	3（一般）	2（较差）	1（很差）

三、特点

德尔菲法与专家直接确定法最大的不同在于专家彼此保密，防止了少数权威专家影响其他专家的意见，消除了专家相互间的心理影响，保证了意见的独立性，有利于所有专家独立发表自己的意见。最终的结果集思广益，可信度较高。

德尔菲法的缺点在于提示和参考信息较少，第一轮往往是一张白纸，虽然能充分吸收专家意见，尽量减少给专家造成干扰和影响，避免片面性，但由于无法与评估组织者直接沟通，有些专家会感到无从下手，不知道组织者的要求；评估周期长，一般经过三轮甚至更多轮次。

第五节　评估指标体系筛选

从理论上讲，评估指标体系应当包括与评估对象相关的各个方面，但从现实角度来看，要使评估内容面面俱到非常困难，必须有所取舍。为了提高评估的效率和准确性，需要对建立的指标体系进行筛选，一般要求采用的前 r 个主要指标的累计贡献率 $\geq \alpha$（α 为小于 1 的常数，称为重要性系数）。经过重要性评估指标筛选，选出对评估目标具有较大贡献率的指标。

第一步：计算指标单个重要度。设有 n 个评估指标 $I_1, I_2, \cdots, I_n$，m 个专家咨询，第 k 个专家按照指标对目标的影响大小进行排序 $M_1^{(k)}, M_2^{(k)}, \cdots, M_n^{(k)}$，则定义指标 $I_j(j=1,2,\cdots,n)$ 的单个重要度为 $M_j^{(k)}(j=1,2,\cdots,n)$。

第二步：计算指标总重要度。对于评估指标 I_j，第 k 个专家给出的重要度排序为 $M_j^{(k)}$，m 个专家分别给出的重要度为 $M_j^{(1)}, M_j^{(2)}, \cdots, M_j^{(m)}$，则定义指标 $I_j(j=1,2,\cdots,n)$ 的总重要度为 $x_j = \sum_{k=1}^{m} M_j^{(k)}(j=1,2,\cdots,n)$。

第三步：进行归一化处理。综合专家意见的总重要度分别为 $x_1, x_2, \cdots, x_n$，对指标总重要度排序进行归一化处理 $w_j = x_j / \sum_{j=1}^{n} x_j$，以得到 n 个评估指标的归一化排序向量 $(w_1, w_2, \cdots w_n)$。

第四步：一致性检验。定义总重要度方差和为 $x_j = \sum_{j=1}^{n} x_j^2 - \left(\sum_{j=1}^{n} x_j \right)^2 / n$

取 $C.I. = 12S / [m^2(n^3-n)]$ 来描述 m 个专家意见的一致性程度，称 $C.I.$ 为一致性系数。其中 $0 \leq C.I. \leq 1$，如果一致性系数接近于 1，则表示多位专家的意见趋向一致。

第五步：计算贡献率，筛选指标。n 个评估指标 $I_1, I_2, \cdots, I_n$ 按归一化重要度排序 $w_1, w_2, \cdots w_n$ 从大到小排列，记为 $N_1, N_2, \cdots N_n$，并记 $N = \sum_{i=1}^{r} N_i$，求最小的 r，使得 $N = \sum_{i=1}^{r} N_i \geq \alpha$，可按照实际需要确定重要系数。此时，$N_1, N_2, \cdots N_r$ 对应的指标 $I_1, I_2, \cdots, I_r$，即为重要性指标。

以工程装备保障能力评估为例，建立如表 2-2 所示指标体系，将重要性系数设定为 0.95（可根据实际情况调整），依据筛选步骤，选取 5 名专家对其重要度排序，如表 2-2 中第

10 列所示，对 33 个指标的重要度进行归一化排序，其重要性指标如表 2-2 中第 11、12 列所示。

表 2-2　指标体系

1级	2级	3级	4级	专家1	专家2	专家3	专家4	专家5	总重要度	归一化排序	序号
工程装备保障能力	内部因素	保障人员	人员的基本素质 I1	31	33	29	30	32	155	0.055377	1
			骨干队伍建设 I2	25	23	22	25	23	118	0.042158	11
			人员的专业工种 I3	4	5	3	6	1	19	0.006788	31
			对口率 I4	16	19	17	21	22	95	0.033941	13
			满编率 I5	17	20	21	19	18	95	0.033941	13
			称职率 I6	20	22	25	24	20	111	0.039657	12
		管理调配	保障装备完好率 I7	24	30	31	22	28	135	0.048232	7
			保障装备配套率 I8	18	16	19	20	19	92	0.032869	17
			装备筹措 I9	8	7	6	2	8	31	0.011075	26
			装备补充 I10	19	15	18	13	12	77	0.02751	16
			装备储备 I11	30	31	26	23	33	143	0.05109	5
		抢救抢修	保障装备作业能力 I12	28	32	27	28	26	141	0.050375	6
			故障诊断评估能力 I13	26	27	23	26	25	127	0.045373	10
			技术资源使用情况 I14	7	9	8	5	2	31	0.011075	26
			抢救抢修手段 I15	29	26	24	27	24	130	0.046445	8
		器材保障	器材管理 I16	21	18	20	18	16	93	0.033226	16
			器材储备 I17	15	17	14	16	17	79	0.028224	18
			器材保障满足率 I18	13	14	12	12	14	65	0.023223	21
			器材保障有效性 I19	11	12	13	15	13	64	0.022865	22
		油料保障	油料管理 I20	6	1	2	8	6	23	0.008217	29
			油料储备 I21	14	13	15	14	15	71	0.025366	19
			油料保障满足率 I22	12	10	11	10	10	53	0.018935	23
			油料保障有效性 I23	10	11	10	9	11	51	0.018221	24
		保障指挥	指挥决策能力 I24	33	29	28	32	31	153	0.054662	2
			指挥控制能力 I25	32	28	33	31	29	153	0.054662	2
			指挥信息能力 I26	18	24	30	29	27	128	0.045731	9
			指挥协同能力 I27	27	25	32	33	30	147	0.052519	4
			电磁态势分析能力 I28	1	2	1	3	4	11	0.00393	33
	环境因素		地形隐蔽条件 I29	9	8	9	11	9	46	0.016434	25
			地形分布状况 I30	5	6	7	4	8	30	0.010718	28
			水文 I31	2	3	5	7	5	22	0.00786	30
			气候 I32	3	4	4	1	3	15	0.005359	32
			电磁信息 I33	23	21	16	17	18	95	0.033941	13

按照指标排序对归一化的指标重要度累加统计，选取累计贡献率大于95%的指标。按照指标排序对归一化的指标重要度累加统计，当累加到25项时，

$$N = \sum_{i=1}^{25} N_i = 0.950977 > 0.95$$，此时前25项指标的累计贡献率大于95%，因而选取前25项评估指标构建经筛选后的指标体系，且结果符合一致性要求。选取的指标如下表2-3所示：

表2-3 筛选后的指标体系

1级	2级	3级	4级
工程装备保障能力	内部因素	保障人员	人员的基本素质 I1
			骨干队伍建设 I2
			对口率 I4
			满编率 I5
			称职率 I6
		管理调配	保障装备完好率 I7
			保障装备配套率 I8
			装备补充 I10
			装备储备 I11
		抢救抢修	保障装备作业能力 I12
			故障诊断评估能力 I13
			抢救抢修手段 I15
		器材保障	器材管理 I16
			器材储备 I17
			器材保障满足率 I18
			器材保障有效性 I19
			弹药储备 I21
			弹药保障满足率 I22
			弹药保障有效性 I23
		保障指挥	指挥决策能力 I24
			指挥控制能力 I25
			指挥信息能力 I26
			指挥协同能力 I27
	环境因素		地形隐蔽条件 I29
			电磁信息 I33

第六节　评估指标处理

评估的一般流程是首先根据实际问题的需要建立评估指标体系，然后根据指标体系确定指标集，再根据指标集采集基础数据，选用适当方法进行评估。在这个过程中常常遇到底层指标的处理，如定性指标的评定，定量指标的数值确定，定量指标的无量纲化、归一化等，因此，可以把指标的处理看作研究的起点，以帮助评估建立良好的初始条件。指标数据的处理又称指标值的规范化，主要作用包括一些三个方面：

一是将指标优劣程度与指标值成正向关系。有的指标值越大越好，如观察距离、行驶速度等，称为效益型指标；有些指标值越小越好，如维修时间、维修成本、反应时间等，称为成本型指标。另一些指标既非效益型又非成本型，如在一列运输车队中汽车的数量既不能太多（影响编队、行驶速度等），又不能太少（运载力太小等），而是要取到一个适中的值。这几类指标放在同一个表中不便于直接从数值大小判断方案的优劣。因此，需要对评估指标体系中的数据进行处理，使得任一指标性能越优的方案变换后的指标值越大。

二是无量纲化。多目标评估的困难之一是目标间的不可共度性，即不同指标具有不同的单位（量纲）。即使对同一指标，采用不同的计量单位，表中的数值也不同。在评估时，需要排除量纲的选用对评估或评估结果的影响，这就是无量纲化，亦即设法消去（而不是简单删除）量纲，其仅用数值的大小来反映属性值的优劣。

三是归一化。不同指标的数值大小可能差别很大，如油料以升为单位，粮食以斤为单位，其数量级往往是万、百万，而运载工具（汽车）以辆为单位，数量往往则是个位或百位。为了直观，更为了便于采用一定的方法进行评估，需要把指标的数值归一化，即把指标的数值均变换到[0，1]区间上。

此外，还可在数据预处理时用非线性变换或其他办法来解决或部分解决某些目标的达到程度与指标值之间的非线性关系，以及目标间的不完全补偿。

评估指标预处理有极差变换法、向量归一化法、线性比例变换法、Z-Score法、平均值法等。

一、定量指标的处理

（一）极差变换法

在决策矩阵 X 中，对于效益型指标，取

$$y_{ij} = \frac{x_{ij} - \min\limits_{1 \le i \le m} x_{ij}}{\max\limits_{1 \le i \le m} x_{ij} - \min\limits_{1 \le i \le m} x_{ij}}, (1 \le i \le m, 1 \le j \le n)$$

对于成本型指标，取

$$y_{ij} = \frac{\max\limits_{1 \le i \le m} x_{ij} - x_{ij}}{\max\limits_{1 \le i \le m} x_{ij} - \min\limits_{1 \le i \le m} x_{ij}}, (1 \le i \le m, 1 \le j \le n)$$

对于区间型指标，取

$$y_{ij} = \begin{cases} 1 - \dfrac{a - x_{ij}}{a - c}, & x_{ij} < a \\ 1, & a \le x_{ij} \le b \\ 1 - \dfrac{x_{ij} - b}{d - b}, & x_{ij} > b \\ 0, & \text{其他} \end{cases}$$

a, b, c, d 的含义如图 2-5 所示。

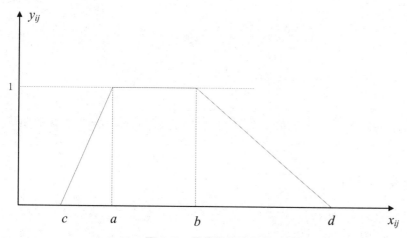

图 2-5 最优指标为区间时的数据处理

经过极差变换后，指标值均在 0~1 之间，最优值为 1，最劣值为 0。

（二）Z-Score 法

要对多组不同盘纲的数据进行比较，可以按照统计学原理对指标进行标准化，取

$$y_{ij} = \frac{\left(x_{ij} - \bar{x}\right)}{S}$$

式中，$\bar{x}$ 和 S 为均值和方差。

可以看出，无论指标原始值如何，指标的标准值总是分布在零的两侧。指标原始值比平均值大的，其标准值为正，反之为负。这种方法与极值法最大的差别在于：①它利用了原始数据的所有信息；②它要求样本数据较多。

（三）向量归一化法

在决策矩阵中，令

$$y_{ij} = \frac{x_{ij}}{\sqrt{\sum_{i=1}^{m} x_{ij}^{2}}}, (1 \le i \le m, 1 \le j \le n)$$

称矩阵 $Y=(y_{ij})$ 为向量归一标准化矩阵，其列向量模等于 1，且指标值均满足在 0~1 之间。

（四）线性比例变换法

在决策矩阵 X 中，对于效益型指标，取

$$y_{ij} = \frac{x_{ij}}{\max\limits_{1 \le i \le m} x_{ij}}, (1 \le i \le m, 1 \le j \le n)$$

对于成本型指标，取

$$y_{ij} = \frac{\min\limits_{1 \le i \le m} x_{ij}}{x_{ij}}, (1 \le i \le m, 1 \le j \le n)$$

经过线性变换后，指标值均在 0~1 之间，最优值为 1，最劣值为 0。

（五）平均值法

一组数 $x_1, x_2, \cdots, x_n$，其平均值为 $\bar{x}$，则各数的平均值法得到的标准化值为

$$x_1 / \bar{x}, x_2 / \bar{x}, \cdots, x_n / \bar{x} 。$$

二、定性指标的处理

定性指标在评估中经常会遇到，为了与定量指标组成一个有机的评估体系，也必须对其进行标准化处理。定性指标包括名义指标和顺序指标。名义指标实际上只是一种分类的表示。例如，性别：男、女；装备类别：装甲装备、轻武器、防空武器、陆航武器。这类指标只能有代码，无法真正量化。顺序指标，如优、良、中、劣；甲等、乙等。这类指标是可以量化的，所以这里主要是指顺序指标量化的方法。

（一）离散型评估指标

当评估指标值为有限个时，即为离散型指标。比如，人对某事件"满意度"的评价可分为{很满意，满意，较满意，不太满意，很不满意}，对一个人的体能评价可分为{优秀，良好，及格，不及格}。此时，我们可以用相应的数值来表示相应的评价结果。人对某事件"满意度"的评价量化方法和对一个人的体能评价量化方法分别如表 2-4 和表 2-5 所示。

表 2-4 对某事件"满意度"的评价量化方法

评语	很满意	满意	较满意	不太满意	很不满意
指标值	9~10	8~9	7~8	5~7	0~5

表 2-5 对一个人的体能评价量化方法

评语	优秀	良好	及格	不及格
指标值	90～100	75～90	60～75	0～60

（二）连续型评估指标

当评估指标值为连续值时，即为连续型指标。根据实际问题，构造模糊隶属函数的量化方法是一种可行且有效的方法。下面给出几种常见的模糊分布及其图形，以供参考选择。

1．矩形分布或半矩形分布

（1）偏小型

其函数为：

$$A(x) = \begin{cases} 1 & x \le a \\ 0 & x > a \end{cases}$$

其图形如图 2-6 所示。

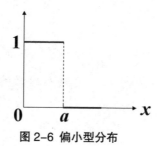

图 2-6 偏小型分布

（2）偏大型

其函数为：

$$A(x) = \begin{cases} 0 & x < a \\ 1 & x \ge a \end{cases}$$

其图形如图 2-7 所示。

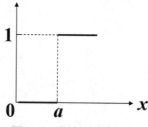

图 2-7 偏大型分布

（3）中间型

其函数为：

$$A(x) = \begin{cases} 0 & x < a \\ 1 & a \leq x < b \\ 0 & b \leq x \end{cases}$$

其图形如图 2-8 所示。

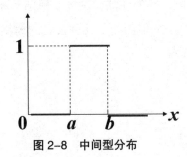

图 2-8　中间型分布

2. 半梯形分布与梯形分布

（1）偏小型

其函数为：

$$A(x) = \begin{cases} 1 & x \leq a \\ 0 & x > a \end{cases}$$

其图形如图 2-9 所示。

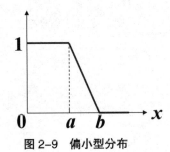

图 2-9　偏小型分布

（2）偏大型

其函数为：

$$A(x) = \begin{cases} 0 & x < a \\ \dfrac{x-a}{b-a} & a \leq x \leq b \\ 1 & b < x \end{cases}$$

其图形如图 2-10 所示。

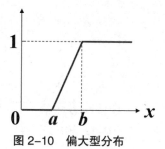

图 2-10　偏大型分布

（3）中间型

其函数为：

$$A(x) = \begin{cases} 0 & x < a \\ \dfrac{x-a}{b-a} & a \le x < b \\ 1 & b \le x < c \\ \dfrac{d-x}{d-c} & c \le x < d \\ 0 & d \le x \end{cases}$$

其图形如图 2-11 所示。

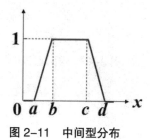

图 2-11　中间型分布

3．抛物型分布

（1）偏小型

其函数为：

$$A(x) = \begin{cases} 1 & x < a \\ \left(\dfrac{b-x}{b-a}\right)^{k} & a \le x \le b \\ 0 & b < x \end{cases}$$

其图形如图 2-12 所示。

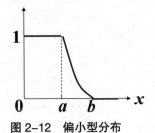

图 2-12 偏小型分布

（2）偏大型

其函数为：

$$A(x)=\begin{cases} 0 & x<a \\ \left(\dfrac{x-a}{b-a}\right)^{k} & a\le x\le b \\ 1 & b<x \end{cases}$$

其图形如图 2-13 所示。

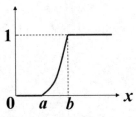

图 2-13 偏大型分布

（3）中间型

其函数为：

$$A(x)=\begin{cases} 0 & x<a \\ \left(\dfrac{x-a}{b-a}\right)^{k} & a\le x<b \\ 1 & b\le x<c \\ \left(\dfrac{d-x}{d-c}\right)^{k} & c\le x<d \\ 0 & d\le x \end{cases}$$

其图形如图 2-14 所示。

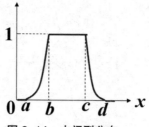

图 2-14　中间型分布

4. 正态分布

（1）偏小型

其函数为：

$$A(x) = \begin{cases} 1 & x \le a \\ e^{-\left(\frac{x-a}{\sigma}\right)^2} & x > a \end{cases}$$

其图形如图 2-15 所示。

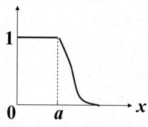

图 2-15　偏小型分布

（2）偏大型

其函数为：

$$A(x) = \begin{cases} 0 & x \le a \\ 1 - e^{-\left(\frac{x-a}{\sigma}\right)^2} & x > a \end{cases}$$

其图形如图 2-16 所示。

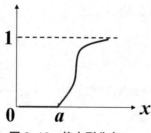

图 2-16　偏大型分布

（3）中间型

其函数为：

$$A(x) = e^{-\left(\frac{x-e}{\sigma}\right)^2} \quad -\infty < x < +\infty$$

其图形如图 2-17 所示。

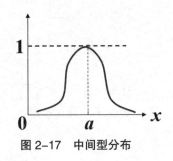

图 2-17　中间型分布

第七节　评估指标权重

评估指标体系中的每一项指标，均反映着评估对象或系统某一方面的特征，要想全面反映评估对象或系统的整体状况，就要将这些指标综合起来考虑，这必然涉及各评估指标的相互重要程度，即指标的权重，也就是指标对评估对象或系统的作用。显然，各评估指标并不同等重要，为了体现各个评估指标在评估指标体系中的作用、地位以及重要程度，在指标体系确定后，必须对各个指标赋予不同的权重。合理确定权重对评估或决策有着重要意义。同一组指标数值，不同的权重，会导致截然不同的甚至相反的评估结论。因此，确定指标权重是评估活动中十分重要的问题。

目前，确定权重的方法有数十种之多，常用的有层次分析法、德尔菲法、环比法、熵值法等。本节主要介绍德尔菲法、环比法和熵值法，层次分析法将会在后续章节重点进行介绍。

一、德尔菲法

德尔菲法又称为专家法，其特点在丁集中专家的知识和经验，确定各指标的权重，并在不断的反馈和修改中得到比较满意的结果。其基本步骤如下：

（1）选择专家。这是很重要的一步，选得好不好将直接影响到结果的准确性。一般情况下，选本专业领域中既有实际工作经验又有较深理论修养的专家 10 ~ 30 人左右，并需征得专家本人的同意；

（2）将待定权重的 p 个指标和有关资料以及统一确定权重的规则发给选定的各位专家，请他们独立给出各指标权数值；

（3）回收结果并计算各指标权数的均值和标准差；

（4）将计算的结果及补充资料返还给各位专家，要求所有的专家在新的基础上确定权数；

（5）重复第（3）和第（4）步，直至各指标权数与其均值的离差不超过预先给定标准为止，也就是各专家的意见基本趋于一致，以此时各指标权数的均值作为该指标的权重。

此外，为了使判断更加准确，令评价者了解已确定的权数把握性大小，还可以运用"带有信任度的德尔菲法"，该方法需要在上述第（5）步每位专家最后给出权数值的同时，标出各自所给权数值的信任度。这样，如果某一指标权数的信任度较高时，就可以有较大的把握使用它；反之，只能暂时使用或设法改进。

二、环比法

先把评估指标任意排序，按照顺序逐个比较两个指标的重要性，得出环比比率，再通过连乘把环比比率换算为以最后一个指标为基数的定基比率，最后归一化为权数。例如，有 A、B、C、D、E 五个指标，按照此顺序求其权数，如表 2-6 所示。

表 2-6 环比法计算指标权重

指标	按环比计算的重要性比率	换算为以 E 为基数的比率	权重
A	2	4.5	0.327
B	0.5	2.25	0.164
C	3.0	4.5	0.327
D	1.5	1.5	0.109
E		1.0	0.073
合计		13.75	1.000

三、熵值法

熵是来自热力学的一个概念，在哲学和统计物理中熵被解释为物质系统带来的混乱和无序程度。信息论则认为它是信息源的状态的不确定程度。在综合评价中，运用信息熵评价所获系统信息的有序程度以及信息的效用值是很自然的，统计物理中的熵值函数形式对于信息系统应是一致的。

熵值确定权重法是依据熵的概念和性质，以及各指标相对重要程度的不确定性来分析各指标的权重的。

设已获得 m 个样本的 n 个评价指标的初始数据矩阵 $X = \left\{ x_{ij} \right\}_{m \times n}$，由于各指标的量纲、数量级及指标优劣的取向均有很大差异，故需对初始数据做无量纲化处理。处理方法根据样本的实际特点和性质选取合适的方法。

无量纲化处理后的标准化矩阵为：$Y = \left\{ y_{ij} \right\}_{m \times n}$。则 j 项指标的信息熵值为：

$$e_j = -k \sum_{i=1}^{m} y_{ij} \ln y_{ij}$$

式中常数 k 与系统的样本数 m 有关，对于一个信息完全无序的系统，有序度为零，其熵值最大，$e = 1$。m 个样本处于完全无序分布状态时，$y_{ij} = \dfrac{1}{m}$，则：

$$e = -k\sum_{i=1}^{m}\frac{1}{m}\ln\frac{1}{m} = k\sum_{i=1}^{m}\frac{1}{m}\ln m = k\ln m = 1$$

于是得到：

$$k = (\ln m)^{-1} \qquad 0 \le e \le 1$$

由于信息熵 e_j 可用来度量 j 项指标的信息（指标的数据）的效用价值，当完全无序时，$e_j = 1$。此时，e_j 的信息（也就是 j 指标的数据）对综合评价的效用价值为零。因此，某项指标的信息效用价值取决于该指标的信息熵 e_j 与 1 的差值 h_j：

$$h_j = 1 - e_j$$

可见，利用熵值法估算各指标的权重，其本质是利用该指标信息的价值系数来计算的，其价值系数越高，对评价的重要性就越大（或称对评价结果的贡献越大），于是 j 指标的权重为：

$$w_j = \frac{h_j}{\sum_{j=1}^{n}h_j}$$

第三章 层次分析法及其应用

层次分析法（Analytic Hierarchy Process）是 20 世纪 70 年代由美国运筹学家 T.L.Saaty 等人提出的一种决策分析方法，简称 AHP 法。它是一种定性与定量相结合的多目标决策分析方法，适用于解决结构比较复杂、决策准则较多且不易量化的决策问题。具体地说，它是将决策问题的有关元素分解成目标、准则、方案等层次，用一定标度对人的主观判断进行层次化、数量化，并用数学为分析、决策、预报或者控制提供定量的数据。它尤其适合于人的定性判断起重要作用的、对决策结果难以直接准确计量的场合。在作战能力评估中也经常用到此方法。

第一节 层次分析法基本理论

一、层次分析法的基本原理

当人们对复杂问题进行决策时，通常的思路是把复杂问题分解成多个容易解决的子问题，通过综合各个子问题的解来得到复杂问题的解。

我们以一个简单的例子看一下层次分析法求解问题的过程，为了简化起见，现假设要从三个方案 P_1、P_2、P_3 中选取一个最优方案，每个方案用三个准则 Z_1、Z_2、Z_3 评价，则该问题可以化为图 3-1 所示的递阶层次结构模型。

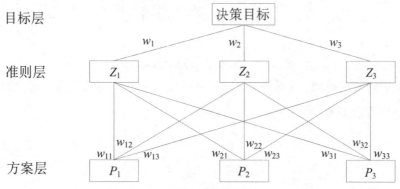

图 3-1 递阶层次结构模型

在这个结构中，若能确定出三个准则对决策目标的权重 (w_1, w_2, w_3) 和方案 $P_i = (i = 1,2,3)$ 对准则 $Z_j = (j = 1,2,3)$ 的权重 w_{ij}，则可以通过方案对准则、准则对决策目标的综合权重：$w_1 w_{i1} + w_2 w_{i2} + w_3 w_{i3}$ 得到方案 P_i 对决策目标的权重。权重最大的方案即为最优方案。

由此可见，如果一个决策问题能够化成递阶层次结构求解，首先遇到的困难之一，就是如何用最简单的方式寻找一组用于表示每层之间各因素相对重要性的量度指标—权重系数。如果各层的权重能够求出，则通过逐层综合的方式最终可求出各方案对决策目标的权重。

为了寻找一组合适的权重，可借用一组物体的某种可测物理量之间的比较来进一步说明。

设有 n 个物体 $A_1, A_2, \cdots, A_n$，今测得其重量分别为 $w_1, w_2, \cdots, w_n$。现以全部物体两两之间的重量之比作为矩阵元素，得到 $n \times n$ 阶两两比较判断矩阵（方阵）A：

$$A = \begin{bmatrix} \dfrac{w_1}{w_1} & \dfrac{w_1}{w_2} & \cdots & \dfrac{w_1}{w_n} \\ \dfrac{w_2}{w_1} & \dfrac{w_2}{w_2} & \cdots & \dfrac{w_2}{w_n} \\ \cdots & \cdots & \cdots & \cdots \\ \dfrac{w_n}{w_1} & \dfrac{w_n}{w_2} & \cdots & \dfrac{w_n}{w_n} \end{bmatrix}$$

以重量向量 $w = (w_1, w_2, \cdots w_n)^T$ 右乘矩阵 A，得

$$Aw = \begin{bmatrix} \dfrac{w_1}{w_1} & \dfrac{w_1}{w_2} & \cdots & \dfrac{w_1}{w_n} \\ \dfrac{w_2}{w_1} & \dfrac{w_2}{w_2} & \cdots & \dfrac{w_2}{w_n} \\ \cdots & \cdots & \cdots & \cdots \\ \dfrac{w_n}{w_1} & \dfrac{w_n}{w_2} & \cdots & \dfrac{w_n}{w_n} \end{bmatrix} \begin{bmatrix} w_1 \\ w_2 \\ \vdots \\ w_n \end{bmatrix} = \begin{bmatrix} nw_1 \\ nw_2 \\ \vdots \\ nw_n \end{bmatrix} = n \begin{bmatrix} w_1 \\ w_2 \\ \vdots \\ w_n \end{bmatrix} = nw$$

即

$$Aw = nw$$

根据矩阵理论可知，n 即为矩阵 A 的一个特征根，w 为特征根 n 对应的特征向量。

由于矩阵 A 具有如下特性：

$$a_{ii} = 1$$

$$a_{ij} = \frac{1}{a_{ji}}$$

$$a_{ij} \times a_{jk} = a_{ik}$$

可以证明，该矩阵具有唯一非零的最大特征根且最大特征根就是 n。相应地，w 即为矩阵 A 的最大特征根 n 对应的特征向量。

显见，若 w 为特征根 n 的特征向量，则对任 $k>0$，kw 也是 n 的特征向量。这表明：最大特征根对应的特征向量的各分量是 n 个物体的相对重量。

上述计算过程给我们一个启示：欲求 n 个物体的相对重量，在不用直接测量每个物体重量的情况下，通过测定 $n \times n$ 个比值 $w_i / w_j = (i, j = 1, 2, \cdots, n)$（由对称性，实际上只需测定 $n(n-1)/2$ 个数据），构造矩阵 A，然后求出 A 的关于最大特征根的特征向量 w，则 w 的每一个分量即为 n 个物体的相对重量。

层次分析法就是借用上述原理，把 n 个备选方案当作 n 个物体，把某一准则看成这些物体的某种属性。这样，每一备选方案对于某一准则而言的权重，就相当于每一物体对于某种属性（例如重量）的相对度量指标（相对重量）。要求出各个权重，只要先确定矩阵 A 的 $n \times n$ 个比值，再求出最大特征值及其相应的特征向量的归一化就行了。这样，只要能设法确定出任意两个方案对某准则而言的相对优越程度的量值，构造出矩阵 A，求出 A 的最大特征根和特征向量，就能达到 n 个方案对该准则而言的权重。

二、层次分析法的步骤

（一）递阶层次结构的建立

在应用层次分析法时，首先要把问题条理化、清晰化、层次化，构造出一个层次分析结构的模型。

层次分析法把复杂的问题分解成称之为元素的各个组成部分，并按元素的相互关系及其隶属关系形成不同的层次，同一层次的元素作为准则对下一层次的元素起支配作用，同时它又受上一层元素的支配。如图 3-2 所示，最高层是目标层，表示决策者所要达到的目标，对于某个具体问题来说至少有 1 个目标；中间层一般为准则或子准则，表示衡量是否达到目标的判断准则；最底层是方案层或措施层，即可供选择的方案或措施。

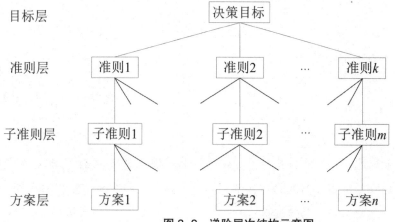

图 3-2 递阶层次结构示意图

当然，层次之间元素的支配关系不一定是完全的，即可以存在这样的元素，它并不支配下一层次的所有元素。即除目标层外，每个元素至少受上一层一个元素支配，除方案层外，每个元素至少支配下一层一个元素。层次数与问题的复杂程度和需要分析的详尽程度有关。每一层次中的元素一般不超过 9 个，因为这样会给两两比较判断带来困难。

（二）建立两两比较判断矩阵

建立递阶层次结构模型后，就可以在各层次元素中进行两两比较，构造出比较判断矩阵。层次分析法主要是人们对每一层次中各因素相对重要性给出的判断，这些判断通过引入适当的标度用数值表示出来，写成判断矩阵。判断矩阵表示针对上一层次因素，本层次与之有关因素之间相对重要性的比较。判断矩阵式层次分析法的基本信息也是进行重要度判断的重要依据。判断矩阵表示针对上一层次某单元（元素），本层次与它有关单元之间相对重要性的比较。

假定上一层次的元素 B_k 作为准则，对下一层元素 $C_1, C_2, \cdots, C_n$ 有支配关系，我们的目的是要在准则 B_k 下按照它们之间的相对重要性赋予 $C_1, C_2, \cdots, C_n$ 相应的权重。在这一步中要回答下面的问题：针对准则 B_k，两个元素 C_i 和 C_j 哪个更重要，重要性大小如何定量表示。这就需要对"重要性"赋予一定的数值。赋值的根据或来源，可以由决策者直接提供，或者是通过决策者与分析者对话来确定，或是由分析者通过某种技术咨询而获得，或是通过其他合适的途径来确定。一般地，判断矩阵应由熟悉问题的专家独立地给出。

对于 n 个元素来说，我们得两两比较判断矩阵 $C = (C_{ij})_{n \times n}$，其中，$C_{ij}$ 表示因素 i 和因素 j 相对于目标重要程度的值。

一般说来，构造的判断矩阵取如下形式：

Bk	C1	C2	…	Cn
C1	C11	C12	…	C1n
C2	C21	C22	…	C2n
…	…	…	…	…
Cn	Cn1	Cn2	…	Cnn

显然，矩阵 C 具有如下性质：

（1）Cij>0；

（2）$C_{ij} = 1/C_{ji}(i \neq j)$；

（3）$C_{ii} = 1(i, j = 1, 2, \cdots, n)$；

这类矩阵称为正反矩阵。对正反矩阵 C，如果对于任意 i，j，k 均有 $C_{ij} \times C_{jk} = C_{ik}$，此时称该矩阵为一致矩阵。值得注意的是，在实际问题求解时，构造的判断矩阵并不一定具有一致性，因此常常需要进行一致性检验。

在层次分析法中，为了使判断定量化，关键在于设法使任意两个方案对于某一准则的相对优越程度得到定量描述。一般对单一准则来说，两个方案进行比较总能判断出优劣，层次分析法一般采用 1~9 标度方法（表 3-1），对不同情况的评比给出数量标度。

实际上，凡是较复杂的决策问题，其判断矩阵均是经由多位专家（评价者）填写咨询表之后形成的。专家咨询的本质，在于把专家渊博的知识和丰富的经验，借助于对众多相关因素的两两比较，转化成决策所需的有用信息。因此，专家在填写咨询表之前，必须全面深入地分析每个影响因素的地位和作用，纵览全局，做到心中有数，切忌盲目行事。

表 3-1　1-9 标度方法

重要性标度 aij	定义
1	Ci 与 Cj 对 Z 影响相同
3	经验判断，Ci 较 Cj 对 Z 有稍微重要的影响
5	经验判断，Ci 较 Cj 对 Z 有明显重要的影响
7	Ci 较 Cj 对 Z 有重要得多的影响
9	Ci 较 Cj 对 Z 有绝对重要的影响
2, 4, 6, 8	Ci 与 Cj 的影响之比在上述两个等级之间
1, 1/2, …, 1/9	Ci 与 Cj 影响之比为上面 aij 的互反数

构造出判断矩阵后，就可以对判断矩阵进行层次单排序计算。在各个层次单排序计算的基础上，还需要对各层次进行总排序计算，而这其中还存在着一个判断矩阵一致性检验的问题。

（三）判断矩阵的一致性检验

按照上面的方法得到的判断矩阵 A，如果满足以下个条件：

$$a_{ij} = \frac{a_{ik}}{a_{jk}}$$

则说这个判断矩阵具有完全的一致性。

一般来说，由于客观事物的复杂性和某种程度上的模糊性，靠直觉和判断力不可能将它们之间的差异度量的十分精确，因此，由决策者和分析者凭直观构造出来的判断矩阵，通常是不可能具备完全一致性的，只能说近似地具备一致性。既然判断矩阵不大可能具备完全一致性，就需要制定一个具备某种程度一致性的标准，以便使满足这个标准的判断矩阵，其特征向量也能近似地作为权向量。这就是判断矩阵的一致性检验问题。

由矩阵理论知，任何 n 阶矩阵都有 n 个特征根，若最大的特征根记为 λ_{max}，则当 A 为完全一致矩阵时有 $\lambda_{max} = n$，A 为非完全一致矩阵时 $\lambda_{max} > n$。所以判断矩阵的不一致性表现在关系 $\lambda_{max} > n$ 上，可以想象 λ_{max} 与 n 值的差别越大，则 A 也就越不可能是完全一致矩阵。这就提示我们可用 $\lambda_{max} - n$ 来度量与完全一致性的偏离。

判断矩阵的一致性指标，记为 CI，即

$$CI = \frac{\lambda_{max} - n}{n-1}$$

CI 值越大，表明判断矩阵偏离完全一致性越厉害，CI 值越小，表明判断矩阵越接近于完全一致性。那么，误差 CI 在多大范围内时，判断矩阵才能近似认为合理呢？

为了找出 CI 的容许范围，Saaty 引入了随机一致性指标 RI，如表 3-2 所示。

表 3-2　随机一致性指标 RI（1-9）

除数	1	2	3	4	5	6	7	8	9
RI	0.00	0.00	0.58	0.90	1.12	1.24	1.32	1.41	1.45

对 $n \geq 3$ 阶的判断矩阵 A，将其一致性指标 CI 与同阶的随机一致性指标 RI 的比值 CR：

$$CR = \frac{CI}{RI}$$

称为一致性比率。当 $CR<0.1$ 时，就认为 A 的不一致程度在容许范围之内，A 的特征向量就可作为权向量，否则就需要调整判断矩阵 A，使之满足 $CR<0.1$，从而具有满意的一致性。

（四）层次单排序

在确定判断矩阵是一致的前提下，就可以进行层次单排序。

层次单排序实际上就是依据判断矩阵，求解某元素下一级所有元素的相对权重。按照特征值和特征根定义求解是十分困难的。由于判断矩阵是人为主观判断的结果，对其进行精确计算没有太大必要，所以只需用简单的近似计算即可。

最常用的方法是和积法和方根法。下面举例进行说明。

例 3.1 求判断矩阵

$$A = \begin{bmatrix} 1 & \frac{1}{5} & \frac{1}{3} \\ 5 & 1 & 3 \\ 3 & \frac{1}{3} & 1 \end{bmatrix}$$

的最大特征根及其对应的特征向量。

解：方根法：

a. 求 A 中各行元素之乘积

$$m_1 = 1 \times \frac{1}{5} \times \frac{1}{3} = \frac{1}{15}$$

$$m_2 = 5 \times 1 \times 3 = 15$$

$$m_3 = 3 \times \frac{1}{3} \times 1 = 1$$

b. 求 $m_i(i=1,2,3)$ 的 n 次方根（$n=3$）

$$\beta_1 = \sqrt[3]{m_1} = \sqrt[3]{\frac{1}{15}} = 0.4055$$

$$\beta_2 = \sqrt[3]{m_2} = \sqrt[3]{15} = 2.4662$$

$$\beta_3 = \sqrt[3]{m_3} = \sqrt[3]{1} = 1$$

c. 对向量 $\beta = (0.4055, 2.4662, 1)$ 做归一化处理

$$w_1 = \frac{0.4055}{0.4055 + 2.4622 + 1} = 0.1047$$

$$w_2 = \frac{2.4622}{0.4055 + 2.4622 + 1} = 0.6370$$

$$w_3 = \frac{1}{0.4055 + 2.4622 + 1} = 0.2583$$

所以 $w = (0.1047, 0.6370, 0.2583)^T$ 就是所求的特征向量。

d. 求 $\lambda_{\max}$

$$Aw = \begin{bmatrix} 1 & \frac{1}{5} & \frac{1}{3} \\ 5 & 1 & 3 \\ 3 & \frac{1}{3} & 1 \end{bmatrix} \begin{bmatrix} 0.1047 \\ 0.6370 \\ 0.2583 \end{bmatrix} = \begin{bmatrix} 0.3182 \\ 1.9354 \\ 0.7847 \end{bmatrix}$$

$$\lambda_{\max} = \frac{1}{3} \sum_{i=1}^{3} \frac{(Aw)_i}{w_i} = \frac{1}{3}(\frac{0.3182}{0.1047} + \frac{1.9354}{0.6370} + \frac{0.7847}{0.2583}) = 3.0385$$

上例按照精确法求解得 $w = (0.1047, 0.6370, 0.2583)^T$，$\lambda_{\max} = 3.3085$，二者相差无几。

和积法：

a. 将判断矩阵 A 各元素按列作归一化处理得矩阵 Q：

$$Q = \begin{bmatrix} \frac{1}{9} & \frac{3}{23} & \frac{1}{13} \\ \frac{5}{9} & \frac{15}{23} & \frac{9}{13} \\ \frac{1}{3} & \frac{5}{23} & \frac{3}{13} \end{bmatrix}$$

b. 对矩阵 Q 中各行元素分别加得：

$$\beta_1 = \frac{1}{9} + \frac{3}{23} + \frac{1}{13} = 0.3185$$

$$\beta_2 = \frac{5}{9} + \frac{15}{23} + \frac{9}{13} = 1.9000$$

$$\beta_3 = \frac{1}{3} + \frac{5}{23} + \frac{3}{13} = 0.7815$$

c. 将 $\beta = (\beta_1, \beta_2, \beta_3)^T$ 做归一化处理得

$$w_1 = \frac{0.3185}{0.3185+1.9000+0.7815} = 01062$$

$$w_2 = \frac{1.9000}{0.3185+1.9000+0.7815} = 0.6333$$

$$w_3 = \frac{0.7815}{0.3185+1.9000+0.7815} = 0.2605$$

所以 $w = (0.1062,0.6333,0.2605)^T$ 即为所求的特征向量。

d. 求 λ_{max}

$$\lambda_{max} = \frac{1}{3}\left(\frac{0.3197}{0.1062}+\frac{1.9458}{0.6333}+\frac{0.7902}{0.2605}\right) = 3.0387$$

（五）层次总排序

层次总排序就是依次沿递阶层次结构由上而下逐层计算，即可计算出最底层元素相对于最高层（总目标）的相对重要性或相对优劣的排序值。也就是说，层次总排序是针对最高层目标而言的，最高层次的总排序就是其层次总排序。

层次总排序要进行一致性检验，检验是从高层到低层进行的。但也有最新的研究指出，在层次分析法中不必检验层次总排序的一致性。也就是说，在实际操作中总排序一致性检验常常可以省略。

第二节　层次分析法特点和适用范围

AHP 针对由相互关联、相互制约的众多因素构成的复杂系统，提供了一种简洁、实用的评估方法。它具有如下特点：

（1）从本质上讲，AHP 是一种思维方式，它把复杂问题分解成各个组成因素，又将这些因素按支配关系分组形成递阶层次结构，通过两两比较的方式确定层次中诸因素的相对重要性，然后综合评估者的判断，确定方案相对重要性的总排序。整个过程体现了人的思维的基本特征，即分解、判断和综合；

（2）评估者利用判断矩阵，能较好地衡量相互关联的事物之间的优劣关系，可以简化系统分析与计算。直接使用 AHP 进行评估，方法简便且易于接受；

（3）AHP 完全依靠主观评估做出方案的优劣排序，所需信息较少，评估花费的时间很短。但对评估者对问题的本质、结构，包含的因素及其内在的关系要求较高；

（4）在 AHP 的使用过程中，无论建立层次结构还是构造判断矩阵，人的主观判断、选择、偏好对结果的影响极大，判断失误即可能造成评估失误。这就使得用 AHP 进行评估主观成分较大。当评估者的判断过多地受到其主观偏好影响，而产生某种对客观规律的歪曲时，AHP 的结果显然就靠不住了。要使 AHP 的评估结论尽可能符合客观规律，评估者必须对所面临的问题有比较深入和全面的认识；

（5）当遇到因素众多、规模较大的问题时，该方法容易出现问题。它要求评估者对问题的本质、包含的要素及其相互之间的逻辑关系能掌握得十分透彻。

从整体上看，AHP 是一种测度难以量化的复杂问题的手段，它能在复杂决策过程中引入定量分析，并充分地利用评估者在两两比较中给出的偏好信息进行分析与决策支持，既有效地吸收了定性分析的结果，又发挥了定量分析的优势，从而使评估过程具有很强的条理性和科学性。适用于人的定性判断起重要作用的、对评估结果难以直接准确计量的场合。

层次分析法的局限性是：①判断矩阵赋值的九级标度的确定带有任意性，不能保证在任何情况下都适用。例如，如果当某个判断矩阵的元素 $a_{13}=7$，并且有 $a_{34}=8$，于是就应该有 $a_{14}=56$，而根据九级标度，因素 x_1 相对于因素 x_4 的偏好最大只能是 9；②根据决策的合理性原则，在一组 n 个因素的排序确定之后，如果再增加一个因素应该不会影响原来那些因素的相对排序，但层次分析法不能保证在任何情况下不会违反这一原则。

层次分析法的适用范围是：①由于在层次分析法当中不涉及决策条件这个因素，因此只能用于处理确定性条件下的多目标决策问题；②在层次分析法中，实际上使用了加法价值函数，因此，严格地说，运用层次分析法分析决策问题时，决策问题必须具备相互偏好独立的条件。

第三节　层次分析法应用案例

应用案例 1：精品网络课程有效性评价模型

精品网络课程是指具有特色和一流教学水平的示范性课程，旨在推动学校优质课程教学资源共建共享，着力促进教育教学观念转变、教学内容更新和教学方法改革，从而提高教学质量。精品网络课程作为教学工作水平评估的因素，是学校办学最重要的支撑条件之一。如何把已经建设好的精品网络课程进行充分、有效地利用是目前存在的一个问题。通过分析精品网络课程有效性影响因素，探讨提高精品网络课程有效性策略，并建立相应的评价模型，为后期精品网络课程的建设和应用提供理论和实践指导。

一、精品网络课程有效性评估指标体系

尽管精品网络课程的建设目前已卓见成效，但是也存在着许多问题，影响着网络课程的建设与发展，比如：网络学习意识缺乏以及资源获取渠道不畅、课程资源更新相对滞后、共享范围和深度局限、互动交流缺乏等。通过对问题进行分析，在对课程建设者、课程参与者、教师使用者、学生使用者调查统计的基础上，参考国内外研究现状，遵循定性与定量相结合的原则，利用层次分析法建立评价指标体系，选取教学内容、教学设计、教师教学行为、学生学习行为、学习评价 5 个指标来体现精品网络课程的质量与效果，如表 3-3 所示。

表3-3 精品网络课程有效性评估指标体系

目标层	指标层	因素层	内容
精品网络课程有效性评价模型（O）	教学内容（P1）	价值性（R11）	教学内容有价值，符合教学条件，紧扣教学大纲，体现课程规范
		适用性（R12）	满足学生学习和教师参考的需求，促进个体主体性、创造性发展
		丰富性（R13）	知识全面、资源丰富，提供各种相关资料
		教育性（R14）	重点突出、难点清晰、层次分明，知识点的分析、推理符合逻辑
		先进性（R15）	教学内容体现本学科发展趋势，知识前沿且内容更新及时
	教学设计（P2）	美观设计（R21）	网站和电子课件设计精美、独特，图标、背景与教学内容协调
		评价设计（R22）	提供练习、自测题等过程性评价以及考试、论文等总结性评价
		功能设计（R23）	资源发布、上传、下载，师生同步或者异步讨论、作业答疑等
		知识设计（R24）	适合教学内容的教学活动、教学演变、知识贯穿、重难点引导
		活动设计（R25）	自主学习、小组学习等方式
	教师教学行为（P3）	教师观念（R31）	愿意付出时间和精力进行课程建设及应用，能及时更新学习内容
		教学方法（R32）	因材施教，突出个性化和开放式教学，注重能力和创新培养
		教学水平（R33）	熟悉教学重难点及易犯错误，学习过程中对学习做出过程性评价
		教学效果（R34）	提高学生主动获取信息、独立学习的能力
		操作技能（R35）	根据教学内容和学生的特点制作教学课件
	学生学习行为（P4）	学习动机（R41）	对学习者的学习能力充满自信
		学习策略（R42）	具有获取信息、分析信息、综合处理信息的认识策略
		自我监督（R43）	主动控制学习进度、学习时间、学习效果
		学习效果（R44）	提高创造性、批判性思考问题的能力
		学习收获（R45）	通过自主学习达到一定水平，获得相关利益
	学习评价（P5）	评价手段（R51）	评价手段的多样性、特色性
		评价方式（R52）	过程性评价、结果性评价
		可操作性（R53）	评价指标从教学实际情况出发，恰当、实用、可测评
		可互动性（R54）	重在促进交流，在交流和沟通中掌握知识
		可激励性（R55）	掌握教学规律，从而激励教师

二、运用层次分析法计算指标权重

判断矩阵构建是以上一层指标为基础，将下一层各指标对上一层指标的影响力用数据表示出来，采取 1~9 标度法进行衡量。选择调查对象并设计调查问卷，分别对课程建设者、使用教师、使用学生等进行匿名问卷调查，得出比较结果，如表 3-4 至表 3-9 所示。

表 3-4　目标层 0 与指标层 P 的判断矩阵

	P1	P2	P3	P4	P5
P1	1	1/2	2/3	5/6	5/8
P2	2/1	1	3/2	7/4	7/5
P3	3/2	2/3	1	5/3	5/4
P4	6/5	4/7	3/5	1	3/4
P5	8/5	5/7	4/5	4/3	1

表 3-5　指标层 P1 与因素层 R1 的判断矩阵

	R11	R12	R13	R14	R15
R11	1	2/1	1/3	2/5	3/4
R12	1/2	1	1/6	1/5	1/3
R13	3/1	6/1	1	5/4	5/2
R14	5/2	5/1	4/5	1	2/1
R15	4/3	3/1	2/5	1/2	1

表 3-6　指标层 P2 与因素层 R2 的判断矩阵

	R21	R22	R23	R24	R25
R21	1	1/2	1/4	1/5	1/3
R22	2/1	1	1/2	1/3	3/5
R23	4/1	2/1	1	4/5	3/2
R24	5/1	3/1	5/4	1	5/3
R25	3/1	5/3	2/3	3/5	1

表 3-7　指标层 P3 与因素层 R3 的判断矩阵

	R31	R32	R33	R34	R35
R31	1	1/2	1	1/3	2/1
R32	2/1	1	5/2	4/5	4/1
R33	1	2/5	1	1/3	3/2
R34	3/1	5/4	3/1	1	6/1
R35	1/2	1/4	2/3	1/6	1

表 3-8 指标层 P4 与因素层 R04 的判断矩阵

	R41	R42	R43	R44	R45
R41	1	5/4	5/2	5/3	7/5
R42	4/5	1	2/1	4/3	6/5
R43	2/5	1/2	1	2/3	1/2
R44	3/5	3/4	3/2	1	3/4
R45	5/7	5/6	2/1	4/3	1

表 3-9 指标层 P5 与因素层 R5 的判断矩阵

	R51	R52	R53	R54	R55
R51	1	4/1	4/3	1	4/5
R52	1/4	1	1/3	2/9	1/5
R53	3/4	3/1	1	3/5	1/2
R54	1	912	5/3	1	5/7
R55	5/4	5/1	2/1	7/5	1

选择方根法计算特征向量和最大特征值并进行一致性检验，根据表 3-4 至表 3-9 计算得到 w_i、λ_{max}、CI、CR 的值。

首先由表 3-4 得到判断矩阵 A_1。

$$A = \begin{bmatrix} 1 & 1/2 & 2/3 & 5/6 & 5/8 \\ 2 & 1 & 3/2 & 7/4 & 7/5 \\ 3/2 & 2/3 & 1 & 5/3 & 5/4 \\ 6/5 & 4/7 & 3/5 & 1 & 3/4 \\ 8/5 & 5/7 & 4/5 & 4/3 & 1 \end{bmatrix}$$

利用方根法求 A_1 最大特征根及其对应的特征向量

a. 求 A_1 中各行元素之乘积

$$m_1 = 1 \times \frac{1}{2} \times \frac{2}{3} \times \frac{5}{6} \times \frac{5}{8} = \frac{25}{144}$$

$$m_2 = 2 \times 1 \times \frac{3}{2} \times \frac{7}{4} \times \frac{7}{5} = \frac{147}{20}$$

$$m_3 = \frac{3}{2} \times \frac{2}{3} \times 1 \times \frac{5}{3} \times \frac{5}{4} = \frac{25}{12}$$

$$m_4 = \frac{6}{5} \times \frac{4}{7} \times \frac{3}{5} \times 1 \times \frac{3}{4} = \frac{54}{175}$$

$$m_5 = \frac{8}{5} \times \frac{5}{7} \times \frac{4}{5} \times \frac{4}{3} \times 1 = \frac{128}{105} \quad m_5 = \frac{8}{5} \times \frac{5}{7} \times \frac{4}{5} \times \frac{4}{3} \times 1 = \frac{128}{105}$$

b. 求 $m_i (i=1,2,3,4,5)$ 的 n 次方根 $(n=5)$

$$\beta_1 = \sqrt[5]{m_1} = \sqrt[3]{\frac{25}{144}} = 0.7046$$

$$\beta_2 = \sqrt[5]{m_2} = \sqrt[3]{\frac{147}{20}} = 1.4902$$

$$\beta_3 = \sqrt[5]{m_3} = \sqrt[3]{\frac{25}{12}} = 1.1581$$

$$\beta_4 = \sqrt[5]{m_4} = \sqrt[3]{\frac{54}{175}} = 0.7904$$

$$\beta_5 = \sqrt[5]{m_5} = \sqrt[3]{\frac{128}{105}} = 1.0404$$

c. 对向量 $\beta = (0.7046, 1.4902, 1.1581, 0.7904, 1.0404)$ 作归一化处理

$$w_1 = \frac{0.7046}{0.7046+1.4902+1.1581+0.7904+1.0404} = 0.1359$$

$$w_2 = \frac{1.4902}{0.7046+1.4902+1.1581+0.7904+1.0404} = 0.2875$$

$$w_3 = \frac{1.1581}{0.7046+1.4902+1.1581+0.7904+1.0404} = 0.2234$$

$$w_4 = \frac{0.7904}{0.7046+1.4902+1.1581+0.7904+1.0404} = 0.1525$$

$$w_5 = \frac{1.0404}{0.7046+1.4902+1.1581+0.7904+1.0404} = 0.2007$$

所以 $w = (0.1359, 0.2875, 0.2234, 0.1525, 0.2007)^T$ 就是所求的特征向量。

d. 求 λ_{max}

$$A_1 w = \begin{bmatrix} 1 & 1/2 & 2/3 & 5/6 & 5/8 \\ 2 & 1 & 3/2 & 7/4 & 7/5 \\ 3/2 & 2/3 & 1 & 5/3 & 5/4 \\ 6/5 & 4/7 & 3/5 & 1 & 3/4 \\ 8/5 & 5/7 & 4/5 & 4/3 & 1 \end{bmatrix} \begin{bmatrix} 0.1359 \\ 0.2875 \\ 0.2234 \\ 0.1525 \\ 0.2007 \end{bmatrix} = \begin{bmatrix} 0.6811 \\ 1.4423 \\ 1.1239 \\ 0.7644 \\ 1.0055 \end{bmatrix}$$

$$\lambda_{max} = \frac{1}{5}\sum_{i=1}^{5}\frac{(Aw)_i}{w_i} = \frac{1}{5}\left(\frac{0.6811}{0.1359}+\frac{1.4423}{0.2875}+\frac{1.1239}{0.2234}+\frac{0.7644}{0.1525}+\frac{1.0055}{0.2007}\right) = 5.0163$$

e. 求 CI

45

$$CI = \frac{\lambda_{max} - n}{n-1} = \frac{5.0163 - 5}{5-1} = 0.0041$$

f. 求 CR

$$CR = \frac{CI}{RI} = \frac{0.0041}{1.12} = 0.0037$$

根据表 3-5 至表 3-9，按照上述步骤计算结果如表 3-10 所示。由表可知，CR 的值均满足 $CR<0.1$，满足一致性检验要求。

表 3-10 一致性检验计算结果

w1	w2	w3	w4	w5	λ max	CI	CR
0.1359	0.2875	0.2234	0.1525	0.2007	5.0163	0.0041	0.0037
0.1189	0.0581	0.3673	0.2987	0.1569	5.0044	0.0011	0.0010
0.0659	0.1245	0.2701	0.3420	0.1974	5.0056	0.0014	0.0013
0.1334	0.2894	0.1205	0.3860	0.0406	5.0112	0.0028	0.0025
0.2836	0.2300	0.1109	0.1663	0.2091	5.0036	0.0009	0.0008
0.2321	0.0566	0.1605	0.2429	0.3078	5.0089	0.0022	0.0019

从表 3-10 中 w_i 的值来分析，精品网络课程有效性评价最重要的指标是教学设计（P_2），相对重要的指标是教师教学行为（P_3）和学习评价（P_5）。教学内容（P_1）中最重要的是需要体现出内容的丰富性（权重 0.3673），教学设计（P_2）最重要的是需要体现出知识设计、重难点演绎变化过程（权重 0.3420），教师教学行为（P_3）最重要的是需要体现出教学效果（权重 0.3860），学生学习行为（P_4）最重要的是需要体现出学习动机（权重 0.3860），学习评价（P_5）最重要的是需要体现出激励机制以及激发学生与教师兴趣的内容（权重 0.3078）。

应用案例 2：信息系统能力评估模型

信息系统是通过信息技术获取相关信息，并对信息进行处理和分发，为控制和决策提供服务的综合电子信息系统。随着信息技术的发展，信息系统在政治、经济、军事、教育、社会生活等各个领域发挥着越来越重要的作用。这里以一类信息系统的评价为例，通过对其效能进行评价，可以较为准确地估计其完成预期任务的水平，分析系统的能力瓶颈，为系统的后期改进提供理论依据。

一、信息系统能力评估指标体系

首先建立信息系统能力指标的层次结构如图 3-3 所示。

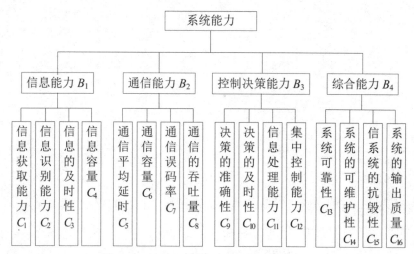

图 3-3　信息系统能力评估指标体系

二、运用层次分析法计算指标权重

计算各层元素之间的相对权重和最大特征根，并根据特征根做一致性判断。

把 $n = 4$，$RI = 0.90$，$CR < 0.1$ 代入公式

$$CR = \frac{CI}{RI} = \frac{\dfrac{\lambda\max - n}{n - 1}}{RI}$$

计算可得 $\lambda_{\max} < 4.27$。依步骤计算各层元素相对上层的权重，结果如表 3-11 至表 3-15 所示。

表 3-11

A	B1	B2	B3	B4	W1
B1	1	4	2	1	0.36
B2	1/4	1	1/3	1/3	0.1
B3	1/2	3	1	1/2	0.2
B4	1	3	2	1	0.34

$\lambda_{\max} = 4.06 < 4.27$

表 3-12

B1	C1	C2	C3	C4	P1
C1	1	1	1/2	2	0.22
C2	1	1	1/3	2	0.2
C3	2	3	1	4	0.48
C4	1/2	1/3	1/4	1	0.1

$\lambda_{\max} = 4.157 < 4.27$

表 3-13

B2	C5	C6	C7	C8	P2
C5	1	2	1	3	0.36
C6	1/2	1	1	2	0.26
C7	1	1	1	2	0.3
C8	1/3	1/2	1/2	1	0.08

$\lambda_{\max} = 4.251 < 4.27$

表 3-14

B3	C9	C10	C11	C12	P3
C9	1	2	3	3	0.45
C10	1/2	1	2	2	0.26
C11	1/3	1/2	1	2	0.17
C12	1/3	1/2	1/2	1	0.12

$\lambda_{\max} = 4.071 < 4.27$

表 3-15

B4	C13	C14	C15	C16	P4
C13	1	2	1	2	1/3
C14	1/2	1	1/2	1	1/6
C15	1	2	1	2	1/3
C16	1/2	1	1/2	1	1/6

$\lambda_{\max} = 4 < 4.27$

上表都满足一致性检验，最后计算各元素相对总目标的权重 W。

$$W = \begin{bmatrix} P_1 & 0 & 0 & 0 \\ 0 & P_2 & 0 & 0 \\ 0 & 0 & P_3 & 0 \\ 0 & 0 & 0 & P_4 \end{bmatrix} \times \begin{bmatrix} 0.36 \\ 0.1 \\ 0.2 \\ 0.34 \end{bmatrix}$$

$$= (0.079 \quad 0.072 \quad 0.173 \quad 0.036 \quad 0.036 \quad 0.026 \quad 0.03 \quad 0.008$$
$$0.09 \quad 0.052 \quad 0.034 \quad 0.024 \quad 0.113 \quad 0.057 \quad 0.113 \quad 0.057)^T$$

设各元素的满意度分别为：

$R(C_1) = 0.8, R(C_2) = 0.95, R(C_3) = 0.8, R(C_4) = 0.85, R(C_5) = 0.95, R(C_6) = 0.85,$
$R(C_7) = 0.99, R(C_8) = 0.9, R(C_9) = 0.75, R(C_{10}) = 0.85, R(C_{11}) = 0.8, R(C_{12}) = 0.6,$
$R(C_{13}) = 0.7, R(C_{14}) = 0.75, R(C_{15}) = 0.6, R(C_{16}) = 0.5$

则该系统的效能值为：$\sum_{i=1}^{16} W_i \cdot R(C_i) = 0.882$。

类似地，可将另一系统的效能如上计算，并进行比较和选择。

应用案例 3：院校教员教学质量评价

院校教员教学质量评价是院校管理的重要内容，为了更科学地分析复杂院校教员教学质量评价，利用层次分析法计算各层级绩效评价指标献权重系数，构建院校教员教学质量评价模型，以便采取更加有针对性的对策提高院校教员的教学能力，提升人才培养质量。

一、构建院校教员教学质量评价指标体系

如图 3-4 所示，构建院校教员教学质量考核综合评价指标体系：一级指标 3 项，二级指标 9 项。

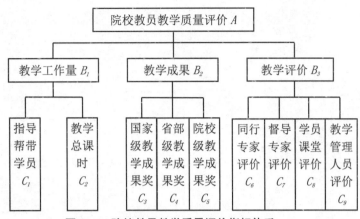

图 3-4　院校教员教学质量评价指标体系

二、用层次分析法确定指标权重

层次分析法是一种将决策者对复杂问题的决策思维过程模型化、数量化的过程。它常常被运用于多目标、多准则、多要素、多层次的非结构化的复杂决策问题研究，具有十分广泛的实用性。院校教员教学质量评价指标体系中各个指标的地位不同，对教员教学质量的影响程度存在差异，因此需要确定各指标的权重。在层次分析法中，为了形成数值判断矩阵，常根据一定的比率标度将其判断定量化。本例采用常见的是 1～9 级标度方法。采取领域专家对各指标重要性进行赋值，通过对院校教学考评领域专家和一线资深教员等具有广泛代表性的专家组进行独立咨询，每名专家各自给出了赋值结果，再对各专家的赋值情况进行加权求和处理，最终构造出判断矩阵，虽然该方法掺杂有主观性，但是数学方法具有严格的逻辑性，并且可以对确定的权数进行修正处理。

这里介绍一款名为 MCE（Modern Comprehensive Evaluation）的软件，该软件使用操作简单，是一个包括 AHP、Fuzzy、Gray 三种综合评价方法的软件包，它已被广泛运用于现代综合评价的实践中。以 AHP 模块为例，该软件可以自动运算评价结果，进行单层排序，并对判断矩阵进行一致性检验；还能够将计算结果生成表格，并根据需要给出评价结果的图示（线状图、柱状图、饼状图、点状图），并将上述评价结果导出为 word 文件。本章案例 3、案例 4 的评价结果的表格和权重图均采用该软件计算得出。以 AHP 模块为例，简单介绍该软件使用的方法。

1.模型建立（见图 3-5）

通过"新建"来建立全新的层次指标体系，也可以从本地磁盘案例模型库中"打开"已有的模型，进行适当的修改得到您所需要的模型。下面给出了几个需要注意的操作。

▲将所选节点在同一父节点下的同层中往上移一个位置。

▼将所选节点在同一父节点下的同层中往下移一个位置。

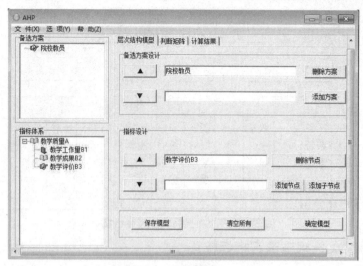

图 3–5　建立模型

删除节点键，删除的是该节点以及其下所有子节点。

添加节点键，在已选节点的同一父节点下的同层添加一个节点。

添加子节点键，在已选节点下添加一个节点（已选节点为父节点）。

注意：

①在建立好模型后应养成良好的习惯，最好保存模型信息；

②备选方案设计、指标设计的第一个文本框中键入字符可以动态修改左边的被选节点；

③记得确定整个模型（变量初始化）。

2.参数设置（见图 3–6）

常用 1～9 级标度的方根法进行层次单排序的计算。考虑到 0.1～0.9 标度法的特殊性，在已选择了 0.1～0.9 标度的情况下，推荐使用和积法来完成层次单排序的计算。

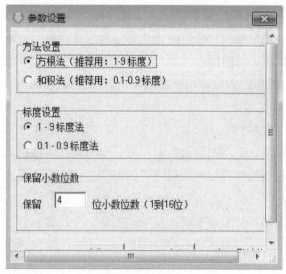

图 3–6　参数设置

3.层次单排序操作（见图 3–7）

判断矩阵上三角阵的某一单元格被选中后的状态。可以拖动右边 Bar 的划栓得到所需要的重要程度值，也可以在选中某一单元格后，直接键盘操作输入值，支持分数和小数但一定要注意数据规范。

矩阵一致化在选择 1～9 标度的情况下该按钮处于非可用状态，当选择 0.1～0.9 标度后，该步骤能够通过简易的判断矩阵变换，构造一个一致性的判断矩阵，免去了复杂麻烦的一致性检验。

检验一致性计算判断矩阵的一致性，若矩阵一致则计算出权重，否则会提示用户调整相关数据。建议：经过矩阵一致化后仍再进行一次一致性检验。

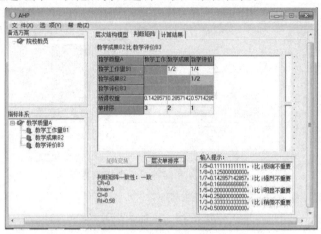

图 3-7　层次单排序操作

4.显示评价结果并导出数据

同本部分内容的所列表格和判断矩阵图形。(见表 3-16、图 3-8)

表 3-16　判断矩阵 A-B

教学质量 A	教学工作量 B1	教学成果 B2	教学评价 B3
教学工作量 B1	1	1/2	1/4
教学成果 B2	2	1	1/2
教学评价 B3	4	2	1
单层权重	0.1429	0.2857	0.5714

注：$\lambda=3$；　CI=0；　RI=0.58；　CR=0

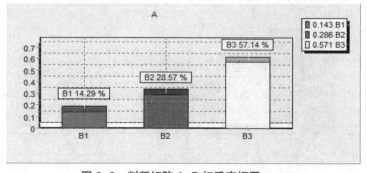

图 3-8　判断矩阵 A-B 权重直框图

表 3-17 判断矩阵 B1-C

教学工作量 B1	指导帮带学员 C1	教学总课时 C2
指导帮带学员 C1	1	1/3
教学总课时 C2	3	1
单层权重	0.2500	0.7500

注：$\lambda=2$； CI=0； RI=1E-6； CR=0

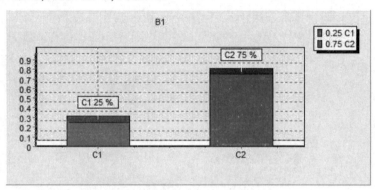

图 3-9 判断矩阵 B1-C 权重直框图

表 3-18 判断矩阵 B2-C

教学成果 B2	国家级教学成果奖 C3	省部级教学成果奖 C4	院校级教学成果奖 C5
国家级教学成果奖 C3	1	2	5
省部级教学成果奖 C4	1/2	1	2
院校级教学成果奖 C5	1/5	1/2	1
单层权重	0.5954	0.2764	0.1283

注：$\lambda=3.0055$； CI=0.0028； RI=0.58； CR=0.0048

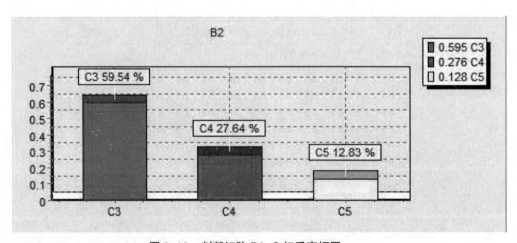

图 3-10 判断矩阵 B2-C 权重直框图

表 3-19　判断矩阵 B3-C

教学评价 B3	同行专家评价 C6	督导专家评价 C7	学员课堂评价 C8	教学管理人员评价 C9
同行专家评价 C6	1	2	4	5
督导专家评价 C7	1/2	1	3	4
学员课堂评价 C8	1/4	1/3	1	2
教学管理人员评价C9	1/5	1/4	1/2	1
单层权重	0.4915	0.3059	0.1249	0.0777

注：$\lambda = 4.0484$；　CI=0.0161；　RI=0.9；　CR=0.0179

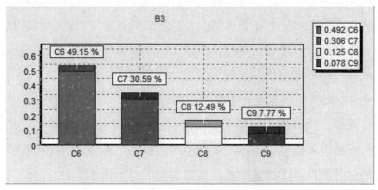

图 3-11　判断矩阵 B3-C 权重直框图

三、院校教员教学质量评价指标总排序

采用加权求和依次沿递阶层次结构由上而下逐层计算，计算出二级指标相对于目标层的相对重要性的排序值，即层次总排序。由于最底层的指标较多，且各指标加权求和后权值较小（均小于 0.03541），这里不再进行总排序。如表 3-20 所示为各级指标的相对权数与总权数。

表 3-20　各级指标的相对权数与总权数

目标层 A	一级指标 B	权数 WB_i	二级指标 C	权数 WC_j	总权数 WC_{ij}
教员教学质量评价 A	教学工作量 B1	0.1429	指导帮带学员 C1	0.2500	0.0357
			教学总课时 C2	0.7500	0.1072
	教学成果 B2	0.2857	国家级教学成果奖 C3	0.5954	0.1701
			省级教学成果奖 C4	0.2764	0.0789
			院校级教学成果奖 C5	0.1283	0.0366
	教学评价 B3	0.5714	同行专家评价 C6	0.4915	0.2808
			督导专家评价 C7	0.3059	0.1747
			学生课堂评价 C8	0.1249	0.0691
			教学管理人员评价 C9	0.0777	0.0444

四、评价结果分析

通过表 3-20 可以看出，同行专家、督导专家、国家级教学成果奖、教学总课时等 4 个子指标权值较大，在对教员教学质量进行评价时，是应当重点关注和破解的难题。因此，同行、督导专家评价较高、超额完成学校规定的基本教学工作量、获得省部级以上教学成果奖较多、课堂教学中获得学员好评较多的院校教员实际教学质量通常较好，该评价结果较为客观和公正。

如果对相关二级指标进行细化，并确定业绩点院校教员教学质量须通过更加客观细致的指标加以描述，例如，在国家级、省部级、院校级教学成果奖基础上细分出一等奖、二等奖与三等奖，并设立对应的评估业绩点，能够更加科学地对院校教员教学质量进行精确评估。如果有多名评价对象参与评价，相当于多个方案的评估选优，可以运用该指标模型进行评价，从而得出不同评价对象的综合得分与排序。

应用案例 4：院校任职专业课程教学质量评估。

近年来，院校全面准确贯彻落实"新时代教育方针"，在课程教学改革中迈出了坚实的步伐。如何评估改革成效、确保改革产生最大效益，离不开对课程教学质量的评估。课程教学质量评估是院校教学质量监控的重要内容，对加强教学管理、提高人才培养质量具有重要作用，它是根据教学规律、教学原则及课程教学目标，运用科学的评估技术、方法和手段，对课程教学效果和课程教学目标实现程度做出价值上的判断。

一、任职专业课程教学质量评估现状

当前，院校对课程教学质量评估的重要性认识深刻，院校按照法规制度和上级要求，并结合培养任务和学员实际情况，建立了比较可行的课程教学质量评估制度。比如，有的在原有学历教育和任职教育教学评估的基础上进行细化和拓展，组织对所有类型课程随堂听课打分，由院系的督导专家组有计划地对一些主干课程进行全程督导式的教学质量评价；有的借鉴其他院校课程评价的经验和做法，在网上建立课程教学质量评价系统，由领导、专家、同行和学员等评价主体对多门课程教学进行教学质量评价。上述做法取得了一定成效，然而，随着课程教学质量评价标准的不断提升，现行的评估体系越来越不能适应任职专业课程教学质量评价要求。近年来，反映突出的问题有：评价主体是否专业、评估指标是否有针对性、评价内容是否全面多元、评价结果是否客观实用等。这在一定程度上反映了当前课程教学质量评估的现状，其表现包括如下几个方面：

（一）评估指标的雷同性

一是课程教学质量评估指标建设滞后，未能与时俱进，直接套用通识教育阶段课程教学质量评估体系；二是不同课程采用的评估指标雷同。即通识与专业课程共用一套评估标准、采用相同指标权重，忽略不同类型课程教学特点；三是不同评价主体采用的评估指标雷同。不同评价主体对指标体系的熟悉程度和价值理解不同，试图让所有人硬套统一的评估指标体系显然不合时宜。

（二）评价主体的缺失性

不同的评价主体对任职专业课程都有自己不同的理解，很难从共同的价值准则出发，而是从各自的价值取向出发进行评价，从而造成评估结果的主观性比较大，因此需要涵盖面更广的多评价主体参与评价。目前，任职专业课程教学质量评价的主体主要包括领导、专家和教学管理人员。在此背景下，一方面，任课教员始终处于一种被评状态，因此，评价对象基本没有机会作为参评者投入评价工作中；另一方面，任职专业课程教学的专业性和实践性也决定了专业机构和专门人才评价的重要性，当前评价中也忽略了具有重要指标意义的用人单位评价。

（三）评价内容的单一性

有的院校课程质量评估的内涵把握不准确、不完整。把课程教学质量评估理解为对课堂教学质量评估。由于对其内涵把握不够清晰透彻，造成了在评估内容上的不完整，比如把课程评估仅仅理解为课程设置评价和教学评价，忽视了课程的开发和编制评价、课程方案的评价，从而窄化了评价内容。

综上所述，一成不变的评估指标、涵盖范围面较窄的评价主体、不够完整的评价内容、外行指导内行的评价方式，已不能适应当前任职专业课程的教学质量评估要求，需要对评估指标进行优化设计和调整。

二、构建任职专业课程质量评价体系的策略思考

（一）树立新的任职专业课程质量观

在传统的课程质量观中，偏重于对知识的传承与掌握，更多的是以学员知识掌握情况和考试分数来衡量质量的高低，而任职专业课程则更注重实践应用能力培养。因此，在评估指标的设置上，不能只考察教员的教学能力水平，同时还必须考察学员的专业知识和基本技能水平。

（二）吸纳多元课程质量评估主体

课程质量评价是一个复杂的问题，为了增强课程质量评估的客观与全面性，评估主体多元化已被众多学者所公认，其评估主体可以是督导(同行)专家、教学管理人员，还应包括任课教员群体和用人单位等。评估体系不仅包括对教员教学过程的评价，还应包括对学员学习效果的评价，通过教学评价结果信息发布及反馈，力求真实、全面地反映任职专业课程教学质量。

（三）构建科学课程质量评估指标体系

首先，在制定任职专业课程教学质量评估指标时，要充分地发挥评估的导向作用，引导任职专业课程教学模式的改革，大力倡导研讨式、探究式和案例式教学方法，更好地促

进学员主动学习、主动研究；其次，在评估指标的设计上，要突出学员学习效果的指标权重。主要从学习态度、形成性和终结性考核三方面来设置。如，在学习态度指标可设置学员投入学习的时间和精力，考察是否进行预习和复习、上课时是否注意听讲和积极思考问题以及回答问题、是否完成一定量的作业等，在考核方面，可考察学员是否清楚所学课程的重难点内容，以及所学习的知识技能能否有效与其他专业课融会贯通，并提高他们理解问题、分析问题和解决问题的能力，能否增强团队意识和协作能力等。其三，在指标体系的设计上，必须遵循科学评估的理论和方法，依据任职专业课程教学的要求与特点，在广泛调研充分论证的基础之上，对教学评估的指标设计、评估数据的收集进行改革和优化，从而构建出科学合理、操作强的任职专业课程教学质量评估体系。

三、构建任职专业课程评价指标体系

评估指标体系，是根据一定的标准和所收集的信息对该类课程体系价值做判断的过程，指标体系构建要有利于促进教学管理的科学化；有利于推动课程教学改革的深入发展；有利于持续提高教员的教学水平；有利于促进学员知识技能的掌握，符合先进性、客观性、方向性、激励性、独立性、操作性等共同原则。在实际课程教学改革中，影响课程评估的指标很多，参照不同评价主体特点，列出如下一级指标：教学管理人员、专家、用人单位和任课教员评价。各一级指标又有若干方面的具体要求，这就构成了二级评估指标。比如：课程建设与改造、教学内容建设、师资队伍建设、教学设施场地建设、教学实施策略、基本职业素养等这样，得到了基于工作过程的课程教学质量评估指标体系，如图 3-12 所示。

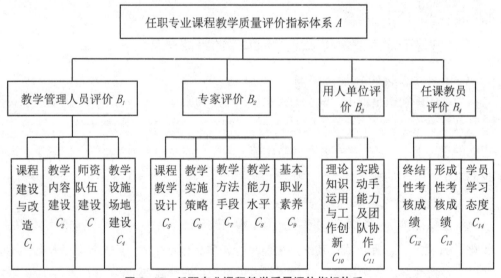

图 3-12　任职专业课程教学质量评估指标体系

四、用层次分析法确定指标权重

利用 AHP 法，可根据任职专业课程教学质量评估指标体系，对各层元素进行两两比较，构造出比较判断矩阵。

表3-21 判断矩阵 A–B

重要性 A	B1	B2	B3	B4
B1	1	7	3	5
B2	1/7	1	1/4	1/2
B3	1/3	4	1	2
B4	1/5	2	1/2	1
单层权重	0.5806	0.0663	0.2318	0.1213

注：λ=4.028；CI=0.009；RI=0.9；CR=0.010<0.10

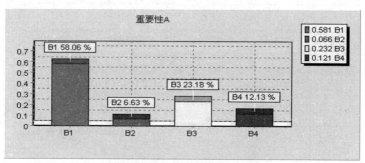

图3-13 判断矩阵 A–B 权重直框图

表3-22 判断矩阵 B1–C

B1	C1	C2	C3	C4
C1	1	1/3	2	2
C2	3	1	5	5
C3	1/2	1/5	1	1
C4	1/2	1/5	1	1
单层权重	0.2090	0.5723	0.1094	0.1094

注：λ=4.0042；CI=0.0014；RI=0.9；CR=0.0015<0.10

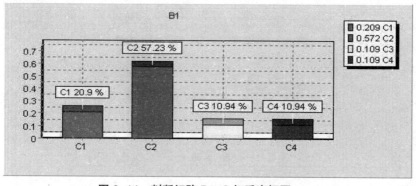

图3-14 判断矩阵 B1–C 权重直框图

表 3-23 判断矩阵 B2-C

B2	C5	C6	C7	C8	C9
C5	1	3	2	1/2	1/3
C6	1/3	1	1/2	1/4	1/5
C7	1/2	2	1	1/3	1/4
C8	2	4	3	1	1/2
C9	3	5	4	2	1
单层权重	0.1311	0.0461	0.0730	0.2806	0.4692

注：λ=5.0680； CI=0.0170； RI=1.12； CR=0.0152<0.10

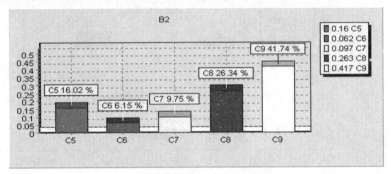

图 3-15 判断矩阵 B2-C 权重直框图

表 3-24 判断矩阵 B3-C

B3	C10	C11
C10	1	1/3
C11	3	1
单层权重	0.2500	0.7500

注：λ=2； CI=0； RI=1E-6； CR=0

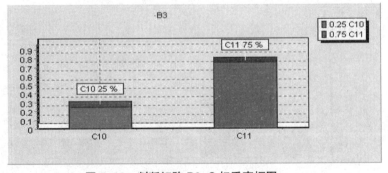

图 3-16 判断矩阵 B3-C 权重直框图

评估方法及其应用

表 3-25 判断矩阵 B4-C

B4	C12	C13	C14
C12	1	2	4
C13	1/2	1	2
C14	1/4	1/2	1
单层权重	0.5714	0.2857	0.1429

注：$\lambda=3$；CI=0；RI=0.58；CR<<0.10

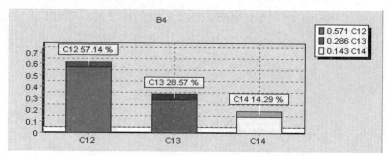

图 3-17 判断矩阵 B4-C 权重直框图

由以上判断矩阵按递阶层次进行计算，可得出各级指标层的相对权重，计算结果如表 3-26 所示。

表 3-26 各级指标的相对权值

目标层 A	一级指标 B	权数 WB_i	二级指标 C	权数 WC_i	总权数 WC_{ij}
任职专业课程教学质量评价 A	教学管理人员评价 B1	0.5806	课程建设与改造 C1	0.2090	0.1213
			教学内容建设 C2	0.5723	0.3323
			师资队伍建设 C3	0.1094	0.0635
			教学设施场地建设 C4	0.1094	0.0635
	专家评价 B2	0.0663	课程教学设计 C5	0.1311	0.0087
			教学实施策略 C6	0.0461	0.0031
			教学方法手段 C7	0.0730	0.0048
			教学能力水平 C8	0.2806	0.0186
			基本职业素养 C9	0.4692	0.0311
	用人单位评价 B3	0.2318	理论知识运用与工作创新 C10	0.2500	0.0580
			实践动手能力及团队协作 C11	0.7500	0.1739
	任课教员评价 B4	0.1213	终结性考核成绩 C12	0.5714	0.0693
			形成性考核成绩 C13	0.2857	0.0347
			学员学习态度 C14	0.1429	0.0173

五、评价结果分析

通过表 3-26 可以看出，院校任职专业课程评价相关因素重要性排序结果为：教学内容建设 C2、实践动手能力及团队协作 C11、课程建设与改造 C1、终结性考核成绩 C12、师资队伍建设 C3、教学设施场地建设 C4、理论知识运用与工作创新 C10、形成性考核成绩 C13、教学实施策略 C6 等。任职专业课程教学质量评价是比较复杂的问题，特别是评价指标体系的构建和各项指标权数的确定。通过引入多元评价主体，特别是用人单位和任课教员参与评价，增强了任职专业课程教学质量评估体系的科学性、专业性、全面性和客观性。

第四章　理想点方法及其应用

理想点法，即 TOPSIS 法，该方法是 Hwang 和 Yoon 于 1981 年提出的一种比较选择分析方法，应用于根据多项指标、对多个方案进行比较选择，全称是"逼近理想值的排序方法"(Technique for Order Preference by Similarity to Ideal Solution)。理想点法的最后评判结果应与理想方案距离最近，与最差方案距离最远，使用理想化的最优、最劣基点来对比其他可行方案相对于二者的距离来进行排序，进而分析、评估。理想点法主要用于解决一种类型的多属性决策问题。

第一节　理想点方法基本理论

一、多属性决策概述

多属性决策问题在社会、经济、金融、管理、军事等诸多领域中广泛存在，如决策、方案评估及优选、质量评估、人员考评、科研成果评价、企业选址、资源分配。决策者要从多个备选方案中选择一个相对最优的方案，这些方案具有多个属性表征，优选出方案的各个属性组合能最大程度地达到决策者满意。

多属性决策中的属性是指"指标"，也称为"目标"，上述的各备选方案通常都具有多个属性，且各属性的度量单位通常不同，各属性之间还有可能存在相关或冲突。多属性决策问题中预定的方案一般只有限个。方案的最终选择与影响最后决策的各属性满足度相关，方案的选定在属性内进行比较和判断完成。

经典的多属性决策问题可描述为：给定的一组备选方案 $R = \{x_1, x_2, ..., x_m\}$，对于每个方案 x_i，都具有从若干个属性组成的属性集 $U = \{u_1, u_2, ..., u_n\}$（每个属性代表不同"指标"，即评价准则）去对其进行综合评价。决策的目的就是要从这组备选方案中找出对于决策者来说最优的方案，或对这组方案进行综合评价以排序，排序结果要反映决策者的关注点和意图。

多属性决策问题根据问题领域不同表现出不同特点，但通常都具有以下四个相似特点：

（1）决策问题的"指标"及"指标属性"具有多个。例如，某企业在生产过程中不仅要考虑产量，同时还要考虑劳动力成本、产品性能、库存、资金回收周期等多个指标及指标属性；

（2）多属性决策问题的指标间难以公度，即对于各指标，没有统一的度量单位和标准，通常无法进行直接比较。例如：关于业绩，企业可以使用销售总额或净利润来表示年度的业绩情况，大学生可以用学分或绩点来考核评估其在校期间的学习业绩情况，这两者是没有统一衡量标准的，即难以公度。而仓库的大小只能用容积（立方米）来表示，盈利的多少则应该用货币（万元）表示，这是有统一标准的，即可公度；

（3）各目标间的矛盾相关性。如果在一个多属性决策问题中，存在某备选方案使得所有指标都达到最优，即存在最优解，那么指标间的难以公度的特性就不再是问题了，但是这种情况极少出现。在现实中，各指标属性之间存在着一定的相关矛盾是普遍现象，即存在着冲突——当选择某方案改进某个指标值的同时，很可能使另一个指标值不能够得到改进，甚至会使这个指标值变差。例如，某电子产品互联网企业想拓展业务领域，意图收购某手机厂，但是拓展领域的同时可能会给企业短期效益带来损害，而且如果收购后经营不善很可能导致企业的亏损甚至倒闭；

（4）决策者的关注点不同导致决策结果不同。不同的决策者对同一个决策问题会有不同的关注点，比如：有些决策者关注核心技术是否掌握在自己手中，有些决策者关注的是否可以快速盈利，关注点不同必然造成结果有所不同。

二、多属性决策问题求解

多属性决策问题的求解方法很多，求解前需要做好必要准备工作：包括决策问题的描述、相关信息的采集（即形成决策矩阵）、决策数据的预处理和方案的筛选。

求解多属性决策问题的一般步骤如下（如图4-1）：

图4-1　多属性决策问题解题一般步骤

第一步，提出问题。此时对面临问题的认识是主观而模糊的，所提出的指标（或目标）也是高度概括的；

第二步，明确问题。该过程要使指标（或目标）具体化，要确定衡量各指标（或目标）达到程度的标准（即属性和属性值的可获得性），并且要清楚地说明问题的边界与环境；

第三步，构造模型。要选择决策模型的形式，确定关键变量以及这些变量之间的逻辑关系，估计各种参数，并在上述工作的基础上产生各种备选方案；

第四步，评价优化。要利用模型并根据主观判断，采集或标定各备选方案的各属性值，并根据决策规则进行排序或优化；

第五步，根据上述评价结果，择优付诸实施。以上各步骤的顺序进行只是一种理想的多准则决策流程，从第三步开始，就有可能需要返回前面的第一步并进行必要的调整，甚至从头开始。决策问题愈复杂，反复的可能性就愈大，重复的次数也愈多。

（一）决策矩阵

对于多属性决策问题，设可供选择的方案集为 $R = \{x_1, x_2, ..., x_m\}$；

用属性集 $U_i = \{u_1, u_2, ..., u_n\}$ 表示方案 x_i 的 n 个属性值；

当目标函数为 f_j 时，$y_{ij} = f_j(x_i), i = 1, ..., m; j = 1, ..., n$。各方案的属性集可列成决策矩阵或属性矩阵、属性表。该表提供了分析求解决策问题所需的基本信息，各种数据的预处理和求解方法都以此作为分析求解的基础。

（二）数据预处理

数据预处理的目的是将属性值进行规范化，主要有如下三个作用：

第一，去类型化。属性值有多种类型，有些指标的属性值越大越好，如某地劳动者的平均工资、企业的净利润等，称为效益型指标；有些指标的值越小越好，如企业的人均劳动报酬、货物的平均运送距离等，称为成本型指标；另有一些指标的属性值，既非效益型又非成本型。若将这几类属性放在同一个表中，不便于直接从数值大小判断方案的优劣，所以应对决策矩阵中的数据进行预处理，通常使得矩阵中对于任一属性，越优的方案经过变换后其属性值越大；

第二，非量纲化。如前所述，多属性评估与决策的困难之一是指标（或目标）间的不可公度性，即在属性值矩阵中的各列的单位（量纲）都不相同。即使是同一属性，采用不同的计量单位，矩阵中的数值也不同。在对多属性决策问题进行分析求解时，需要排除量纲的选用对决策或评估结果的影响，这就是非量纲化，或者说是设法消去（而不是简单删除）量纲，即仅用数值的大小来反映属性值和方案的优劣；

第三，归一化。属性值表中不同属性的属性值的数值大小差别很大。如街区税收即使已经以万元为单位，其数量级还是成百上千。而在住宅商品房面积、交通事故死亡率的数量级是个位数或小数。为了直观，更为了便于采用各种多属性决策方法进行评价，需要把属性值表中的数值进行归一化，即把表中数均变换成 0~1 的区间上。

在大部分情况下，数据预处理的本质是要将某个属性的属性值转化为可供决策者评估方案优劣时的实际量化参考价值。

（三）方案筛选

方案筛选主要通过一些常识或直观的评估信息，对各评估方案进行初步筛选，筛选得到的结果为非劣集。筛选主要采用的方法有：优势法和连接法。

1.优势法

该方法可用于选出明显的劣方案，并将其淘汰。基本步骤是：从方案集 R 中任取两个方案（记为 $\tilde{X}_1$ 和 $\tilde{X}_2$），若分析和评估专家认为 $\tilde{X}_1$ 劣于 $\tilde{X}_2$，则淘汰 $\tilde{X}_1$，保留 $\tilde{X}_2$；反之亦然。若无法区分两者优劣，则都保留，保留的方案称为非劣方案。将留下的非劣方案与 R 中的第三方案 $\tilde{X}_3$ 作比较，将劣方案淘汰，并按此法逐一进行比较，经过 $n-1$ 步后得到的非劣方案即为非劣解集 R_{pa}^*。

优势法的基本推理：一个具有 m 个属性 n 个方案的多属性决策问题经过优势法筛选后非劣解集中方案的期望数估计公式：

$$N(m,n) \approx 1 + \ln n + \frac{(\ln n)^2}{2!} + \cdots + \frac{(\ln n)^{m-3}}{(m-3)!} + \frac{\gamma(\ln n)^{m-2}}{(m-2)!} + \frac{(\ln n)^{m-1}}{(m-1)!}$$

式中，γ 为欧拉常数(≈ 0.5772)。显然，$N(m,1)=N(1,m)$。

2.连接法

该方法要求决策者对备选方案的每一个指标提供可接收的最低值，称为切除值。基本步骤如下：

第一步，决策者为各指标制定最低的可接收值（切除值）；

第二步，对各个方案，确定它的各个指标值是否不差于切除值；

第三步，只有当一个方案的每个指标值均不低于对应的切除值时，该方案才被保留。否则，淘汰该方案，即

$$e f_i(x) \geq f_j^c, j \in M, x \in R$$

式中 f_j^c 为第 j 个指标的切除值。

这里需要注意的是，切除值的确定对方案的评估选择至关重要。通常确定切除值的原则应遵循：

$$r = 1 - P_c^m$$

式中，r 为被淘汰方案的比例；P_c 为任一随机选出的方案其各属性满足上式的概率。

例如：若 $m = 6, r = 3/5$，则 $P_c \approx 0.858$，即对每个指标所设定的切除值应至少有 85.8% 的方案指标值超过该切除值。

三、理想点方法基本原理

在多属性决策问题中对原始数据进行去类型、去量纲和归一化的处理后，可以消除不同指标量纲的影响，并能充分地利用原始数据的信息，充分反映各方案之间的差距、客观真实的反映实际情况，具有真实、直观、可靠的优点，而且其对样本资料无特殊要求。

理想点方法用于解决多属性问题决策，要求属性具有单调递增或递减特性。由于理想点方法概念清晰、方法简单、计算量小，因此得到了较为广泛的应用。

（一）理想点方法

设一个所属性决策问题的备选方案集为 $R = \{x_1, x_2, ..., x_m\}$；用 $Y_t = \{y_{t1}, y_{t2}, ..., y_{tn}\}$ 表示方案 x_i 的 n 个属性值；当目标函数为 f_j 时，$y_{ij} = f_j(x_i), i = 1, ..., m; j = 1, ..., n$。

理想解（也称为正理想解）x^* 通常是一个方案集 R 中并不存在的虚拟的最佳方案，它的每个属性值都是决策矩阵中该属性的最好的值；而负理想解 x^0 则是虚拟的最差方案，它的每个属性值都是决策矩阵中该属性的最差的值。在 n 维空间中，将方案集 R 中的各备选方案 x_i 与理想解 x^* 和负理想解 x^0 的距离进行比较，并根据其与理想解和负理想解的距离排定方案集 R 中各备选方案的优先序，既靠近理想解又远离负理想解的方案就是方案集 R 中的最优方案。

用理想点方法求解多属性决策问题的概念简单，只要在属性空间定义适当的距离测度就能计算备选方案与理想解。理想点方法所用的是欧氏距离。至于既用理想解又用负理想解是因为在仅仅使用理想解时，有时会出现某两个备选方案与理想解的距离相同的情况，为了区分这两个方案的优劣，引入负理想解并计算这两个方案与负理想解的距离，与理想解的距离相同的方案离负理想解远者为优。

方案 x_i 相对理想解的接近度为：

$$C_i^* = d_i^0 / (d_i^0 + d_i^*), i = 1, 2, ..., m$$
$$0 \le C_i^* \le 1, i = 1, 2, ..., m$$

若 x_i 为理想解，则 $C_i^* = 1$

若 x_i 为负理想解，则 $C_i^* = 0$

C_i^* 越接近于 1，则方案的排序越靠前。

（二）理想点法的算法步骤

设理想解（正理想解）X^+ 是一设想的最好解，它的指标值都达到各备选方案中的最好值，而负理想解 X^- 是一设想的最坏解，它的指标值都达到各备选方案中的最坏值。基于相对接近度的理想解方法的基本步骤如下：

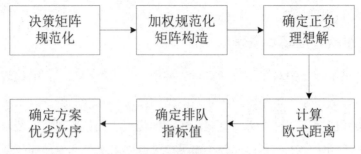

图 4-2　理想点方法算法步骤

Step 1：用向量规范化的方法求得规范决策矩阵。

原始的决策矩阵记为 $Y = (y_{ij})$ ，变换后的决策矩阵记为

$$Z = (z_{ij}), i = 1,...,m; j = 1,...,n$$

则

$$z_{ij} = \frac{y_{ij}}{\sqrt{\sum_{i=1}^{m} y_{ij}^2}}$$

Step 2：构成加权规范矩阵 $X = (x_{ij})$

设由决策者给定 $w = (w_1, w_2, ..., w_n)^T$ ，则

$$x_{ij} = w_j . z_{ij}, i = 1, 2, ..., m; j = 1, 2, ..., n$$

Step 3　确定理想解理想解 x^* 和负理想解 x^0 。

$$理想解 x_j^* \begin{cases} \max_i x_{ij} & j 为效益型属性 \\ \min_i x_{ij} & j 为成本型属性 \end{cases} \quad j = 1,...,n$$

$$负理想解 x_j^0 \begin{cases} \min_i x_{ij} & j 为效益型属性 \\ \max_i x_{ij} & j 为成本型属性 \end{cases} \quad j = 1,...,n$$

Step 4　计算各方案到理想解和负理想解的距离。

备选方案 x_i 到理想解的距离为：

$$d_i^* = \sqrt{\sum_{j=1}^{n} (x_{ij} - x_j^*)^2}, i = 1,...,m$$

备选方案 x_i 到负理想解的距离为：

$$d_i^0 = \sqrt{\sum_{j=1}^{n} (x_{ij} - x_j^0)^2}, i = 1,...,m$$

Step 5　计算各方案的排队指标值。

$$C_i^* = d_i^0 / (d_i^0 + d_i^*), i = 1, 2, ..., m$$

Step 6 按 C_i^* 由大到小的顺序排列确定优劣次序。

四、理想点方法的特点和使用范围

理想点法以理想值和负理想值作为各个方案排序的标准，符合人们认识事物的一般方法。由于人为设定理想值大小，不会出现无穷值的现象，但可能出现某一方案值大于正理想值或小于负理想值的现象，这需要对最后的结果酌情处理。

理想点法接近于线性加权法，简单实用，客观性较好，适合于评估者对评估指标没有明显偏好的评估体系。

第二节　理想点方法的改进

一、理想点方法的不足

理想点方法的不足：由理想点方法得出对方案集中各方案的排序 R_c 是一个全序，方案 X_k 优于 X_l 的条件是 $C_k > C_l$，虽然 X_k 整体地优于 X_l，但分别按 S_i^+ 和 S_i^- 大小的排序 R^*，R^- 中，X_k 不一定都优于 X_l，例如，有可能 X_k 比 X_l，更接近理想解 $S_i^+ < S_i^+$，但同时 X_k 比 X_l 也更接近负理想解 $S_i^- < S_i^-$，在这种情况下 X_k 比 X_l 按两种准则进行比较优劣的结果便产生了矛盾。因此，理想点方法仅按对理想解的相对贴近度 C，对方案进行排序的做法并不能完全反映出各方案的优劣情况。

二、基于主成分的理想点方法

为了改进理想点方法的不足，同时为了能够解决在仿真应用条件下，需要对大量网络配置方案进行比较，运算量大、相关计算复杂的难点，在理想点方法中引入主成分分析法，以期能够解决理想点方法中出现的矛盾。主成分分析法主要用于多元统计分析中，其具有理论简洁，赋权较为客观等特点。对该方法的研究集中建立主成分的线性或非线性价值函数。该方法通过适当的数学变换，把原指标线性组合成相互独立的新的分量，并用内生权求取主成分的加权得到综合评价值。（注：主成分分析法的引入要求评价对象的个数即方案集要大于指标的个数）

为了能够将主成分分析法引入理想点方法中，需要构造单项规范化向量空间，因此，基于主成分的理想点方法的步骤如下（如图 4-3）：

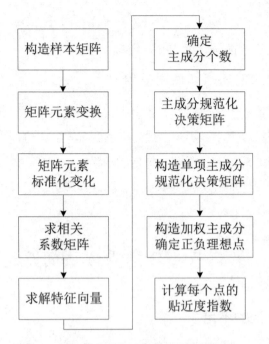

图4-3 基于主成分的理想点方法求解步骤

（1）对 n 个方案（样本）$a_i = \begin{bmatrix} a_{i1} & a_{i2} & \cdots & a_{im} \end{bmatrix}^T$，$i = 1, 2, \cdots, n$，$n > m$，构造样本阵。

$$X = \begin{bmatrix} a_1^T \\ a_2^T \\ \vdots \\ a_n^T \end{bmatrix} = \begin{bmatrix} a_{11} & a_{12} & \cdots & a_{1m} \\ a_{21} & a_{22} & \cdots & a_{2m} \\ \vdots & \vdots & \vdots & \vdots \\ a_{n1} & a_{n2} & \cdots & a_{nm} \end{bmatrix}$$

（2）对样本阵 X 中元素的变换如下：

$$y_{ij} = \begin{cases} a_{ij}, & \text{对效益型指标} \\ -a_{ij}, & \text{对成本型指标} \end{cases}$$

得到 $Y = \begin{bmatrix} y_{ij} \end{bmatrix}_{n \times m}$

（3）对 Y 阵中元素做标准化变换为

$$z_{ij} = \frac{y_{ij} - \overline{y_i}}{\sigma_j}, i = 1, 2, \cdots, n; j = 1, 2, \cdots, m$$

式中，$\overline{y_i}$ 为指标的平均值，即 $\overline{y_i} = \dfrac{\sum\limits_{i=1}^{n} y_{ij}}{n}$，$\sigma_j$ 为指标的均方差，即 $\sigma_j^2 = \dfrac{\sum\limits_{i=1}^{n} \left(y_{ij} - \overline{y_i} \right)^2}{n-1}$。

得标准化阵为

$$Z = \begin{bmatrix} Z_1^T \\ Z_2^T \\ \vdots \\ Z_n^T \end{bmatrix} = \begin{bmatrix} z_{11} & z_{12} & \cdots & z_{1m} \\ z_{21} & z_{22} & \cdots & z_{2m} \\ \vdots & \vdots & \vdots & \vdots \\ z_{n1} & z_{n2} & \cdots & z_{nm} \end{bmatrix}$$

该标准化变换后 Z_{ij} 的均值为 0，方差为 1。

（4）对标准化阵 Z，求样本相关系数阵。

$$R = \left[r_{ij} \right]_{m \times m} = \frac{Z^T Z}{n-1}$$

式中，$r_{ij} = \dfrac{\sum\limits_{k=1}^{n} Z_{ki} Z_{kj}}{n-1}, i,j=1,2,\ldots,m$ 。

（5）求 R 的特征根、特征向量。解特征方程

$$\left| \lambda I_m - R \right| = 0$$

得到 m 个特征根 $\lambda_1 \geq \lambda_2 \geq \ldots \geq \lambda_m$，它是主分量的方差，其大小表征各主分量在综合评价中的作用。对每个 $\lambda_j, j=1,2,\ldots m$；解方程组 $Rb_j = \lambda_j b_j$，得到单位特征向量 $b_j^0 = \dfrac{b_j}{\|b_j\|}$。

（6）确定主成分个数 k

主成分分析法一般只取前面 k 个主分量，而忽略后面 $(m-k)$ 个分量，这 k 个分量保留原来信息的比重按

$$\sum_{j=1}^{k} \left(\frac{\lambda_j}{\sum\limits_{j=1}^{m} \lambda_j} \right) \geq 85\%$$

的准则确定。而 $a_j = \dfrac{\lambda_j}{\sum\limits_{j=1}^{m} \lambda_j}$ 表示每个分量表征原属性变量的信息量，称为方差贡献率。

（7）求出 $Z_i = \begin{bmatrix} z_{i1} & z_{i2} & \cdots & z_{im} \end{bmatrix}^T, i=1,2,\cdots,n$ 的 k 个主成分规范化分量。

$u_{ij} = z_i^T b_j^0, j=1,2,\cdots,k$

得到主成分规范化决策阵。

$$U = \begin{bmatrix} U_1^T \\ U_2^T \\ \vdots \\ U_n^T \end{bmatrix} = \begin{bmatrix} u_{11} & u_{12} & \cdots & u_{1m} \\ u_{21} & u_{22} & \cdots & u_{2m} \\ \vdots & \vdots & \vdots & \vdots \\ u_{n1} & u_{n2} & \cdots & u_{nm} \end{bmatrix}$$

式中，u_i 为第 i 个方案（样本）的主成分规范化向量，$i=1,2,\ldots,n$，它的第 j 个分量 u_{ij} 是向量 z_i 在单位特征向量 b_j^0 上的投影，$j=1,2,\cdots,k$。

（8）构造单项主成分规范化决策阵。为了便于 TOPSIS 法中的理想解相近度的应用，必须对主成分规范化决策矩阵中元素做平移，以确保每个元素为非负。单项主成分规范化决策矩阵为

$$U^{'}=\left[u_{ij}^{'}\right]_{n\times k}=\left[u_{ij}-\min_{i}\left(u_{ij}\right)\right],i=1,2,\cdots,n,j=1,2,\cdots,k$$

注：单项主成分分向量集中的每个单项主成分规范化向量 $U^{'}=\begin{bmatrix} u_1^{'} & u_2^{'} & \cdots & u_k^{'} \end{bmatrix}^T$ 的值均非负，且属于效益型（其值越大越好），而在这个集中定义的距离已经完全符合 TOPSIS 法对属性集单调性的要求。

（9）构造加权的主成分，确定正、负理想点。

记 $v_{ij}=a_j u_{ij}^{'}$，a_j 为方差贡献率。

定义正理想点 v^+ 和负理想点 v^- 如下：

$$v^+=\begin{bmatrix} v_1^+ & v_2^+ & \cdots & v_k^+ \end{bmatrix}^T,v_j^+=\max_{i}\left\{v_{ij}\right\},j=1,2,\cdots,\text{k}$$

$$v^-=\begin{bmatrix} v_1^- & v_2^- & \cdots & v_m^- \end{bmatrix}^T,v_j^-=\underset{i}{mix}\left\{v_{ij}\right\}=0,j=1,2,\cdots,\text{k}$$

（10）计算每个点 v_i 对理想点的相对贴近度指数 C_i 到理想点的距离是：

$$S_i^+=\sqrt{\sum_{j=1}^{m}\left(v_{ij}-v_j^+\right)^2},i\in N$$

到负理想点的距离是：

$$S_i^-=\sqrt{\sum_{j=1}^{m}\left(v_{ij}-v_j^-\right)^2},i\in N$$

则相对贴进度 C_i 为

$$C_i=\frac{S_i^-}{S_i^++S_i^-},i\in N$$

显然，$0\leq C_i\leq 1$，若方案 $X_i=X^+$，则 $C_i=1$；若 $X_i=X^-$，则 $C_i=0$。

若 X_i 与 X^+ 越接近，则 C_i 越接近于 1。

由于允许两个方案之间存在不可比较性，因此这种排序一般是一个偏序而不是全序。这里采用基于主成分的理想点方法引入偏序的概念，将最终的决策权留给决策者。

三、优缺点分析

主要优点：

（1）消除了评价指标间的相互影响。在多指标综合评价中，各评价指标之间往往存在一定程度的相关性，这表现为它们反映评价对象的信息有所重复。主成分分析法通过数学变换，将原有指标转变为相互独立的分量，从而消除了这种重复信息对综合评价的不良影响，进而通过选择适宜的评价模型对方案集进行综合评价；

（2）减少了选择评价指标体系的困难。选择和确定指标体系，是效能评估问题中重要而又非常困难的工作，指标体系的确定中要达到理论要求全面、相对独立、指标集最少是十分困难的。基于主成分的 TOPSIS 法可以消除指标间重复的冗余，在一定程度上减少了在确定指标体系的困难，同时对于评估者而言，确定正、负理想点的工作也是较为容易的。

主要缺点：

基于主成分的 TOPSIS 法由于采用主成分分析法中的一些原理，因此在一些要求上必须满足主成分分析法的条件，主成分分析法仅适用于备选方案较多的场合，一般的样本数量大于指标个数的 2 倍。另外，变换后的分量失去了原有指标的物理意义，因此不便于对评价结果进行解释和转换。

第三节　理想点方法应用案例

应用案例 1：通信网络线路构建方案评估

在社会生活中，拟制通信网络线路的构建方案，会根据网络拓扑和节点、链路配置等产生不同的方案。使用理想点法对各方案进行评估排序得到的结果较为合理且可信度较高。示例如下：

若通过改变信息系统的网络拓扑和节点、链路配置等得到 12 种编配通信保障方案。话音通信能力的主要指标有：链路利用率、平均接通率、呼叫建立时延和通信容量，其中，链路利用率是指使用的链路容量与全网的链路容量的比值，是成本型指标；平均接通率是指呼叫过程中接通数与呼叫数的比值，是效益型指标；呼叫建立时延是指一端从发起呼叫到呼叫成功所用的时间，是成本型指标；通信容量是指系统所能容纳的话音用户数，是效益型指标。通过对每种配置方案的仿真测试可以得到方案的指标值见下表。

表4-1 各方案指标值

	a	b	c	d	e	f	g	h	i	j	k	l
链路利用率/(%)	40	32	47	38	35	47	33	38	44	32	35	49
平均接通率/(%)	75	79	70	80	81	70	84	78	72	62	80	69
呼叫建立时延/s	0.65	0.61	0.72	0.62	0.60	0.70	0.60	0.61	0.68	0.59	0.62	0.78
通信容量/个	6000	5000	6600	5700	5600	6700	5200	5800	6300	5200	5700	6800

利用基于主成分的理想点方法进行效能分析的基本步骤如下：

（1）构造样本矩阵，得

$$Y = \begin{bmatrix} -40 & -32 & -47 & -38 & -35 & -47 & -33 & -38 & -44 & -32 & -35 & -49 \\ 75 & 79 & 70 & 80 & 81 & 70 & 84 & 78 & 72 & 62 & 80 & 69 \\ -0.65 & -0.61 & -0.72 & -0.62 & -0.60 & -0.70 & -0.60 & -0.61 & -0.68 & -0.59 & -0.62 & -0.78 \\ 6000 & 5000 & 6600 & 5700 & 5600 & 6700 & 5200 & 5800 & 6300 & 5200 & 5700 & 6800 \end{bmatrix}^T$$

（2）对 Y 阵中元素做标准化变换得

$$Z = \begin{bmatrix} -0.1346 & 0 & -0.0281 & 0.1916 \\ 1.1575 & 0.6213 & 0.6457 & -1.4510 \\ -1.2652 & -0.7766 & -1.2072 & 1.1772 \\ 0.1884 & 0.7766 & 0.4773 & -0.3012 \\ 0.6730 & 0.9319 & 0.8142 & -0.4654 \\ -1.2652 & -0.7766 & -0.8703 & 1.3415 \\ 0.9960 & 1.3978 & 0.8142 & -1.1225 \\ 0.1884 & 0.4659 & 0.6457 & -0.1369 \\ -0.7807 & -0.4659 & -0.5334 & 0.6844 \\ 1.1575 & -2.0191 & 0.9826 & -1.1225 \\ 0.6730 & 0.7766 & 0.4773 & -0.3012 \\ -1.5882 & -0.9319 & -2.2179 & 1.5058 \end{bmatrix}$$

（3）对标准化阵 Z，求样本相关系数矩阵为

$$R = \begin{bmatrix} 1.0000 & 0.4515 & 0.9407 & -0.9849 \\ 0.4515 & 1.0000 & 0.4804 & -0.4407 \\ 0.9407 & 0.4804 & 1.0000 & -0.9098 \\ -0.9849 & -0.4407 & -0.9098 & 1.0000 \end{bmatrix}$$

（4）求 R 的特征根 $\lambda = (0.0112 \quad 0.0963 \quad 0.7138 \quad 3.1787)$，归一化特征向量为

$$b^0 = \begin{bmatrix} 0.7734 & 0.2336 & -0.2166 & -0.5480 \\ 0.0046 & 0.0530 & 0.9383 & -0.3418 \\ -0.1784 & -0.8101 & -0.1494 & -0.5381 \\ 0.6082 & -0.5351 & 0.2264 & 0.5416 \end{bmatrix}$$

（5）确定主成分个数。根据上节中的计算公式，得主成分数为 2，每个主分量的方差贡献率分别为 0.1785,0.7947。

（6）求两个主成分规范化分量组成的矩阵为

$$U = \begin{bmatrix} 0.0764 & 0.1972 \\ -0.0901 & -1.9800 \\ 0.0099 & 2.2459 \\ 0.5489 & -0.7886 \\ 0.5025 & -1.3775 \\ -0.0234 & 2.1536 \\ 0.7221 & -2.0696 \\ 0.2692 & -0.6841 \\ -0.0347 & 1.2448 \\ -2.5440 & -1.0809 \\ 0.4440 & -1.0541 \\ 0.1391 & 3.1978 \end{bmatrix}$$

（7）构造单项主成分规范化决策阵为

$$U' = \begin{bmatrix} 2.6204 & 2.2622 \\ 2.4539 & 0.0896 \\ 2.5341 & 4.3155 \\ 3.0929 & 1.2810 \\ 3.0465 & 0.6921 \\ 2.5206 & 4.2232 \\ 3.2662 & 0 \\ 2.8132 & 1.3855 \\ 2.5093 & 3.3144 \\ 0 & 0.9887 \\ 2.9880 & 1.0155 \\ 2.6831 & 5.2674 \end{bmatrix}$$

（8）构造加权主成分，确定正、负理想点。$V^+ = \begin{bmatrix} 0.5829 & 4.1859 \end{bmatrix}$，$V^- = \begin{bmatrix} 0 & 0 \end{bmatrix}$。

（9）计算每个点 v_i 对理想点的相对贴进度指数。

$C_i = [0.4372 \quad 0.0973 \quad 0.8184 \quad 0.2677 \quad 0.1754 \quad 0.8012 \quad 0.1222 \quad 0.2817 \quad 0.6317 \quad 0.1855 \quad 0.2225 \quad 0.975$

因此各方案排序如下表所示：

表4-2 各方案排序表

a	b	c	d	e	f	g	h	i	j	k	l
5	12	2	7	10	3	11	6	4	9	8	1

应用案例2：医院年度医疗质量评估

根据某儿童医院的档案资料显示，1996年至2000年5年间的主要医疗质量指标如表4-2，请使用理想点方法对各年度的医疗质量进行排序。

表4-3 某儿童医院各年度医疗质量指标属性值表

年份	出院人数	病床使用率	平均住院日	病死率	抢救成功率	治愈好转率	院内感染率
Y1	21584	76.7	105	1.01	78.3	97.5	2.0
Y2	24372	86.3	100	0.80	91.1	98.0	2.0
Y3	22041	81.8	95	0.62	91.1	97.3	3.2
Y4	21115	84.5	103	0.60	90.2	97.7	2.9
Y5	24633	90.3	0.20	0.25	95.5	97.9	3.6

根据属性值表，该医院年度医疗质量指标中的平均住院日、病死率、院内感染率为低优指标，取倒数，将低优指标转化为高优指标，得到的决策矩阵为

$$A = \begin{pmatrix} 21584 & 76.7 & 0.1370 & 0.9901 & 78.3 & 97.5 & 0.5000 \\ 24372 & 86.3 & 0.1351 & 1.2500 & 91.1 & 98.0 & 0.5000 \\ 22041 & 81.8 & 0.1370 & 1.6129 & 91.1 & 97.3 & 0.3125 \\ 21115 & 84.5 & 0.1449 & 1.6667 & 90.2 & 97.7 & 0.3448 \\ 24633 & 90.3 & 0.1449 & 4.0000 & 95.5 & 97.9 & 0.2778 \end{pmatrix}$$

把A规范化得到规范化矩阵Z为

$$Z = \begin{pmatrix} 0.4234 & 0.4081 & 0.4380 & 0.2024 & 0.3916 & 0.4464 & 0.5612 \\ 0.4781 & 0.4592 & 0.4321 & 0.2556 & 0.4556 & 0.4487 & 0.5612 \\ 0.4324 & 0.4353 & 0.4380 & 0.3298 & 0.4556 & 0.4455 & 0.3508 \\ 0.4142 & 0.4496 & 0.4634 & 0.3408 & 0.4511 & 0.4473 & 0.3871 \\ 0.4833 & 0.4805 & 0.4634 & 0.8178 & 0.4776 & 0.4482 & 0.3118 \end{pmatrix}$$

则正负理想解分别为

$$Z^+ = (0.4833 \quad 0.4805 \quad 0.4634 \quad 0.8178 \quad 0.4776 \quad 0.4487 \quad 0.5612)$$

$$Z^- = \begin{pmatrix} 0.4142 & 0.4081 & 0.4321 & 0.2024 & 0.3916 & 0.4455 & 0.3118 \end{pmatrix}$$

各年到正、负理想解的加权距离为：

到正理想点的加权距离为

$$d_1^+ = 0.6289 \quad d_2^+ = 0.5640 \quad d_3^+ = 0.5369 \quad d_4^+ = 0.5141 \quad d_5^+ = 0.2494$$

到负理想点的加权距离为

$$d_1^- = 0.2497 \quad d_2^- = 0.2754 \quad d_3^- = 0.1514 \quad d_4^- = 0.1762 \quad d_5^- = 0.6302$$

则各年份到正理想解的相对贴近度为

$$C_1 = 0.2842 \quad C_2 = 0.3281 \quad C_3 = 0.2200 \quad C_4 = 0.2552 \quad C_5 = 0.7164$$

因此，各年份的医疗质量排序为：2000 年、1997 年、1996 年、1999 年、1998 年。

第五章 聚类分析方法及其应用

聚类分析（Cluster Analysis）是根据"物以类聚"的道理，对样品或指标进行分类的一种多元统计分析方法。它将个体或对象分类，使得同一类中的对象之间的相似性比与其他类对象的相似性更强，其目的是使类内对象的同质性最大化和类间对象的异质性最大化。

第一节 聚类分析方法基本原理

聚类分析的基本思想为从一批样本的多个观测指标中，找出能度量样本之间或指标之间相似程度（亲疏关系）的统计量，构成一个对称的相似性矩阵。在此基础上，进一步寻找各样本（或变量）逐一归类。关系密切的归类聚集到一个小的分类单位，关系疏远的聚类到一个大的分类单位，直到样本或变量都聚集完毕，形成一个亲疏关系谱系图，用以更自然、更直观地显示分类对象（个体和指标）的差异和联系。

聚类分析是研究样品或指标分类问题的一类多元统计分析方法的总称，它主要包括多种方法，如系统聚类法、模糊聚类法。其中心思想是将相似元素归为一类。在评估中使用最为广泛的是系统聚类法中的距离分析方法。

一、系统聚类分析的一般过程

系统聚类分析的一般过程如下：

（1）将被评估的 n 个样本 $X_1, X_2, \cdots, X_n$，看成 n 个类，此时类间距离与样本之间的距离相等。将 $D_{(0)}$ 记为初始距离矩阵；

（2）按照被评估对象的评估指标体系的特征，选择适当的"距离"作为不相似性度量，并找出相应的类间距离 D_{pq}；

（3）将与 D_{pq} 对应的类合并为一类，即选择 $D_{(0)}$ 中与 D_{pq} 对应的 G_p 与 G_q 合并为新类 G_r，$G_r = G_p \cup G_q$。求出新类与其余类之间的距离 D_{rk}，用 D_{rk} 代替 $D_{(0)}$ 中的 p，q 行和 p，q 列，得到距离对称矩阵 $D_{(1)}$。依此类推，求解 $D_{(w)}$，并合并相应的类。值得注意的是，当距离矩阵中的最小元不止一个时，应该将对应类合并；

（4）重复步骤（3），直至所有类归为一类。或者，在给定聚类阈值 T 时，当 $D_{rk} \leq T$ 时，聚类过程可以结束；

（5）在所取"距离意义"下，画出按相似性或相近程度联结的谱系图；

（6）按综合评估的精度要求，选择阈值，确定聚类结果并给出评估结论。

由上述过程可以看出，聚类分析要以样本之间的距离作为评判依据，下面将陈述

关于样

本间距 d_{ij} 和类间距离 D_{pq} 的有关计算方法和定理。

二、距离定理

设 $A_1, A_2, \cdots, A_m$ 为 m 个样本，每个样本为 n 维向量，即 $X_i = (x_{i1}, x_{i2}, \cdots x_{in})^T$。第 i 个样本 X_i 与第 j 个样本 X_j 之间建立了一个函数关系式 $d_{ij} = d(X_i, X_j)$，如果它满足如下条件：

（1） $d_{ij} \geq 0$ ，对一切 i, j ；

（2） $d_{ij} = 0$ ，当且仅当第 i 个样品与第 j 个样品的各变量值相同；

（3） $d_{ij} = d_{ji}$ ，对一切 i, j ；

（4） $d_{ij} \leq d_{ik} + d_{kj}$ ，对一切 i, j, k 。

则称 d_{ij} 为样本 X_i 与样本 X_j 的距离。

二、常用距离

常用的距离有如下几种：

（一）明考夫斯基（Minkowski）距离

第 i 个样品与第 j 个样品间的明考夫斯基距离定义为

$$d_{ij}(q) = \left[\sum_{k=1}^{p} \left| x_{ik} - x_{jk} \right|^q \right]^{\frac{1}{q}}$$

这里 q 为某一自然数，这是一个最常用最直观的距离。

当 $q = 1$ 时， $d_{ij}(1) = \sum_{k=1}^{p} \left| x_{ik} - x_{jk} \right|$ ，称为绝对值距离；

当 $q = 2$ 时， $d_{ij}(2) = \left[\sum_{k=1}^{p} \left(x_{ik} - x_{jk} \right)^2 \right]^{\frac{1}{2}} = \sqrt{\sum_{k=1}^{p} \left(x_{ik} - x_{jk} \right)^2}$ ，称为欧氏距离；

当 $q = \infty$ 时， $d_{ij}(\infty) = \max_{1 \leq k \leq p} \left| x_{ik} - x_{jk} \right|$ ，称为切比雪夫距离。

当各变量的单位不同或虽单位相同但各变量的测量值相差很大时，不应直接采用明考夫斯基距离，而应先对各变量的数据做标准化处理，然后用标准化后的数据计算距离。最常用的标准化处理是令

$$x_{ij}^* = \frac{x_{ij} - \overline{x}_j}{\sqrt{s_{jj}}}, \quad i = 1, 2, \cdots, n, \quad j = 1, 2, \cdots, p$$

其中， $\overline{x}_j = \frac{1}{n} \sum_{i=1}^{n} x_{ij}$ 为第 j 个变量的样本均值， $s_{jj} = \frac{1}{n-1} \sum_{i=1}^{n} (x_{ij} - \overline{x}_j)^2$ 为第 j 个变量的样本方差。

（二）马氏（Mahalanobis）距离

第 i 个样品与第 j 个样品间的马氏距离为

$$d_{ij}^2(M) = (x_i - x_j)' S^{-1} (x_i - x_j)$$

其中 $x_i = (x_{i1}, x_{i2}, \cdots, x_{ip})'$，$S$ 为样本协方差矩阵。使用马氏距离的好处是考虑到了各变量之间的相关性，并且与各变量的单位无关。不足之处是对马氏距离公式中的 S，若始终不变，则往往显得不妥；若要随聚类过程而不断变化，则会有许多不便。

（三）兰氏（Lance 和 Williams）距离

当 $x_{ij} > 0$，$i = 1, 2, \cdots, n$，$j = 1, 2, \cdots, p$ 时，则可以定义第 i 个样品与第 j 个样品间的兰氏距离为

$$d_{ij}(L) = \sum_{k=1}^{p} \frac{|x_{ik} - x_{jk}|}{x_{ik} + x_{jk}}$$

这个距离与各变量单位无关，没有考虑变量间的相关性。由于它对大的异常值不敏感，故适用于高度偏斜的数据。

（四）斜交空间距离

由于样品的各个变量之间往往存在不同程度的相关关系，因此有时采用欧氏距离显得不够理想，有人建议采用斜交空间距离。第 i 个样品与第 j 个样品间的斜交空间距离定义为

$$d_{ij}^* = \left[\frac{1}{p^2} \sum_{k=1}^{p} \sum_{l=1}^{p} (x_{ik} - x_{jk})(x_{il} - x_{jl}) r_{kl} \right]^{\frac{1}{2}}$$

其中 r_{kl} 是变量 x_k 与变量 x_l 间的相关系数。当 p 个变量互不相关时，$d_{ij}^* = \frac{1}{p} d_{ij}(2)$，即斜交空间距离退化为欧氏距离（除相差一个常数倍外）。

得到样本间距离后，按照距离对各个样本进行分类，得到 m 个类，记为 G_1，G_2，$\cdots$，G_m，进而求解类间距离，以便进一步聚类。一般地，用 D_{pq} 表示 G_p 与 G_q 的距离。

三、求解类间距离的方法

（一）最短距离法

$$D_{(0)} = (d_{ij}), D_{pq} = \min_{i \in G_p, j \in G_q} d_{ij}$$

$$D_{rk} = \min_{i \in G_r, j \in G_k} d_{ij} = \min \left\{ \min_{i \in G_p, j \in G_k} d_{ij}, \min_{i \in G_q, j \in G_k} d_{ij} \right\} = \min \{ D_{pk}, D_{qk} \}$$

（二）最长距离法

$$D_{(0)} = (d_{ij}), D_{pq} = \max_{i \in G_p, j \in G_q} d_{ij}$$

$$D_{rk} = \min_{i \in G_r, j \in G_k} d_{ij} = \max \left\{ \min_{i \in G_p, j \in G_k} d_{ij}, \min_{i \in G_q, j \in G_k} d_{ij} \right\} = \max \{ D_{pk}, D_{qk} \}$$

（三）中间距离法

$$D_{(0)} = (d_{ij}^2), D_{pq} = \min_{i \in G_p, j \in G_q} d_{ij}$$

$$D_{rk}^2 = \frac{1}{2}D_{pk}^2 + \frac{1}{2}D_{qk}^2 - \frac{1}{4}D_{pq}^2$$

（四）重心法

$$D_{pq} = d_{\overline{X}_p \overline{X}_q}$$

式中：$\overline{X}_p$，$\overline{X}_q$ 为两类向量的均值向量。

$$D_{rk}^2 = \frac{n_p}{n_r}D_{pk}^2 + \frac{n_q}{n_r}D_{qk}^2 - \frac{n_p n_q}{n_r^2}D_{pq}^2$$

式中：n_p，n_q，n_r 为 G_p，G_q，G_r 中样本数目。

（五）类平均法

$$D_{pq}^2 = \frac{1}{n_p n_q}\sum_{i \in G_p, j \in G_q} d_{ij}^2$$

$$D_{rk}^2 = \frac{n_p}{n_r}D_{pk}^2 + \frac{n_q}{n_r}D_{qk}^2$$

（六）可变类平均法

$$D_{pq}^2 = \frac{1}{n_p n_q}\sum_{i \in G_p, j \in G_q} d_{ij}^2$$

$$D_{rk}^2 = \frac{n_p}{n_r}(1-\beta)D_{pk}^2 + \frac{n_q}{n_r}(1-\beta)D_{qk}^2 + \beta D_{pq}^2 \ (\beta < 1)$$

（七）可变法

$$D_{pq}^2 = \frac{1}{n_p n_q}\sum_{i \in G_p, j \in G_q} d_{ij}^2$$

$$D_{rk}^2 = \frac{1-\beta}{2}(D_{pk}^2 + D_{qk}^2) + \beta D_{pq}^2 \ (\beta < 1)$$

第二节　聚类分析方法特点和适用范围

一、特点

聚类分析法的显著特点是直观，结论形式简明。这就是说，聚类分析的原理理解起来比较容易，它的基本思想是选取一定指标并进行规范化处理来计算分析对象相互之间的"距离"，"距离"越近，相互之间属于同一个类的可能也就越大；"距离"越远，相互之间属于同一个类的可能也就越小。聚类分析的操作思路也很清晰，只需按部就班进行实施即可。在工具选择上，既可以用 Excel 进行计算，也可以用有关统计分析软件进行计算，最终的分类结果可以进行图形化呈现，且一目了然。

二、适用范围

若事先对总体有几种类型无从知晓，则要想知道观测到的个体的具体的分类情况，就需要用聚类分析法。换句话说，聚类分析方法具有"自学习"功能，不需要有监督和指导，不要事先提供"知识"。

此外，聚类分析法适用于样本量较小的情况，当样本量较大时，要获得聚类结论有一定困难。这是因为，聚类分析是根据反映分析对象内在联系的指标之上进行的。而在实际中，因为指标选取的偏差，有时候尽管从分析结果上看某些分析对象之间有紧密的联系，但分析对象之间却无任何内在联系，此时，如果根据距离得出聚类分析的结果，显然是不适当的，但是聚类分析模型本身却无法识别这类错误。

第三节　聚类分析方法应用案例

应用案例 1：大学文化建设评价

党的十八大提出："必须推动社会主义文化大发展大繁荣，兴起社会主义文化建设新高潮，提高国家文化软实力，发挥文化引领风尚、教育人民、服务社会、推动发展的作用。"作为社会主义文化的重要组成部分，大学文化是大学存在的标志；是大学传统的体现；是塑造大学个性、产生名家大师、凝聚师生员工的内核；是大学综合能力的软实力；是大学赖以生存发展的血脉根基。大学文化建设评价作为大学评价的一个重要方面，对于推动大学文化建设具有很好的促进作用，有助于促进大学内涵式发展。

一、评估指标体系构建

大学文化建设评价可以从精神文化、制度文化、物质文化、行为文化、社会服务文化和特色文化六个方面进行来展开，由此建立指标体系如图 5-1 所示（见下页）。

二、评估实施

根据大学文化建设评价的 6 个考评指标，对 5 所大学进行大学文化建设考评，其中，精神文化、制度文化、物质文化、行为文化、社会服务文化和特色文化六个指标分别用 1~6 表示。经过前期的处理后，5 所大学的大学文化建设六个二级指标的考评成绩如表 5-1 所列。

表 5-1　5所大学的大学文化建设考评成绩统计

对象	指标						总分
	1	2	3	4	5	6	
A 大学	85	82	87	78	90	75	497
B 大学	73	80	81	72	86	70	462
C 大学	75	76	79	73	82	69	454
D 大学	74	75	77	71	80	73	450
E 大学	65	70	78	72	75	68	428

图 5-1　大学文化建设评价指标体系

结合聚类分析模型，对这 5 所大学的大学文化建设考评成绩进行分类。首先把 5 所大学的大学文化建设考评成绩看作 5 个类，分别记作 $G_1, G_2, \cdots, G_5$。根据大学文化建设评价特点，所采集的考评数据均为有效，无须进行标准变换，采用欧氏距离的定义计算各等次之间的距离。G_1 与 G_2 的距离为

$$D_{12} = \left[(85-73)^2 + (82-80)^2 + (87-81)^2 + (78-72)^2 + (90-86)^2 + (75-70)^2 \right]^{\frac{1}{2}} \approx 16.2$$

同理

$D_{13} = 18, D_{14} = 20.6, D_{15} = 30.6, D_{23} = 6.5, D_{24} = 9.4, D_{25} = 17.3, D_{34} = 5.5, D_{35} = 13.7, D_{45} = 12.6$。

上述结果用矩阵表示为

$$D_{(0)} = \begin{matrix} & G_2 & G_3 & G_4 & G_5 & \\ & \begin{bmatrix} 16.2 & 18 & 20.6 & 30.6 \\ & 6.5 & 9.4 & 17.3 \\ & & 5.5 & 13.7 \\ & & & 12.6 \end{bmatrix} & \begin{matrix} G_1 \\ G_2 \\ G_3 \\ G_4 \end{matrix} \end{matrix}$$

因为在 $D_{(0)}$ 中，$D_{34} = 5.5$ 最小，可以将 G_3 与 G_4 两个等次合并成新的一类，记为 G_6，即 $G_6 = \{G_3, G_4\}$，然后计算每一类与新的一类 G_6 的距离：

$D_{61} = \min(D_{31}, D_{41}) = \min(18, 20.6) = 18$，$D_{62} = \min(D_{32}, D_{42}) = \min(6.5, 9.4) = 6.5$，

$D_{65} = \min(D_{35}, D_{45}) = \min(13.7, 12.6) = 12.6$。

上述结果用矩阵表示为

$$D_{(1)} = \begin{matrix} & G_2 & G_5 & G_6 & \\ & \begin{bmatrix} 16.2 & 30.6 & 18 \\ & 17.3 & 6.5 \\ & & 5.5 & 12.6 \end{bmatrix} & \begin{matrix} G_1 \\ G_2 \\ G_5 \end{matrix} \end{matrix}$$

在 $D_{(1)}$ 中 $D_{62} = 6.5$ 最小，可以将 G_2 和 G_6 合并为新的一类，记为 G_7，即

$$G_7 = \{G_2, G_3, G_4\}$$

然后计算 G_7 与其他各类的距离

$D_{71} = \min(D_{21}, D_{61}) = \min(16.2, 18) = 16.2$，$D_{75} = \min(D_{25}, D_{65}) = \min(17.3, 12.6) = 12.6$

则有

$$D_{(2)} = \begin{matrix} & G_5 & G_7 & \\ & \begin{bmatrix} 30.6 & 16.2 \\ & 12.6 \end{bmatrix} & \begin{matrix} G_1 \\ G_5 \end{matrix} \end{matrix}$$

在 $D_{(2)}$ 中 $D_{75} = 12.6$ 最小，可以将 G_5 和 G_7 合并为新的一类，记为 G_8，即

$$G_8 = \{G_7, G_5\} = \{G_2, G_3, G_4, G_5\}$$

最后计算 G_8 的距离

$$D_{81} = \min(D_{51}, D_{71}) = \min(30.6, 16.2) = 16.2 。$$

上述聚类结果如图 5-2 所示。

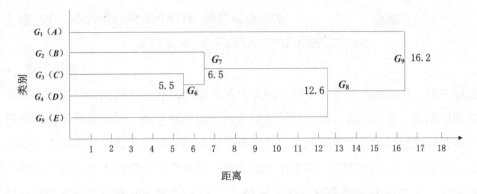

图 5-2　5 所大学的大学文化建设考评成绩聚类分析

三、评估结论

从聚类图中可以看出，当要求把被考评对象分为 4 类时，则以差距 5.5 为标准区分优劣，其排序为：A 大学最好；B 大学次之；C 大学与 D 大学并列第二；E 大学最差。当分为 3 类时，则以差距 6.5 为标准区分优劣，其排序为：A 大学最好，B 大学、C 大学与 D 大学并列第二，E 大学为最差。依此类推，可以根据具体情况需要以不同的差距作为区分标准。

应用案例 2：商业零售点选址评价问题

商业零售点通常是分销网络中最终一个堆存商品的点，这些点包括诸如百货公司、超级市场等。位置选得好，生意差不了，商业零售点的选址对于经营效益至关重要。不像工厂和仓库的选址那样重视成本因素，商业零售点的选址更加关注对销售额影响较大的因素，例如，靠近竞争者、人口和客流的组成模式、停车的便利性、交通便利程度、公众的态度等等。当有多个位置作为商业零售点的选址之处时，运用聚类分析法对它们进行分析，有助于在考虑各个因素的基础之上，进行综合决策，从而提高商业零售点选址的科学性，提升商业效益。

一、评估指标体系构建

商业零售点选址可以从同类商店的靠近程度、泊车空间、与互补性商店的靠近程度、交通便利性以及公众对产品的偏好五个方面来考虑，由此建立指标体系如图 5-3 所示。

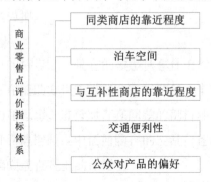

图 5-3　商业零售点评价指标体系

二、评估实施

根据商业零售点选址评价的 5 个考评指标，对 5 个地点进行评价，其中，靠近程度、泊车空间、与互补性商店的靠近程度、交通便利性以及公众对产品的偏好五个指标分别用 1～6 表示。经过前期处理后，5 个地点的评价打分情况如表 5-2 所列。

表 5-2　5 个地点的评价打分情况

对象	指标				
	1	2	3	4	5
A 地点	54	91	47	45	50
B 地点	72	85	80	69	65
C 地点	81	97	78	85	53
D 地点	88	77	97	54	99
E 地点	51	81	79	66	62

1. 采用绝对值距离（这时它与其他的明考夫斯基距离完全相同），计算地点间的距离矩阵 $D_{(0)}$，列于表 5-3。

表 5-3　$D_{(0)}$

	G_1	G_2	G_3	G_4	G_5
G_1	0				
G_2	107	0			
G_3	55	90	0		
G_4	65	112	76	0	
G_5	61	146	62	90	0

2. $D_{(0)}$ 中最小的元素是 $D_{13}=55$，于是将 G_1 和 G_3 合并成 G_6，并计算 G_6 与其他类的距离，列于表 5-4。

表 5-4　$D_{(1)}$

	G_6	G_2	G_4	G_5
G_6	0			
G_2	90	0		
G_4	65	76	0	
G_5	61	62	90	0

3. $D_{(1)}$ 中最小的元素是 $D_{56}=61$，于是将 G_5 和 G_6 合并成 G_7，并计算 G_7 与其他类的距离，列于表 5-5。

表 5-5　$D_{(2)}$

	G_7	G_2	G_4
G_7	0		
G_2	62	0	
G_4	65	76	0

4．$D_{(2)}$ 中最小的元素是 $D_{27}=62$，于是将 G_2 和 G_7 合并成 G_8，并计算 G_8 与其他类的距离，列于表 5-6。

表 5-6　$D_{(3)}$

	G_4	G_8
G_4	0	
G_8	65	0

5．最后将 G_4 和 G_8 合并为 G_9，这时所有五个地点聚为一类，过程终止。

上述聚类过程可以画成一张图，如图 5-4 所示。

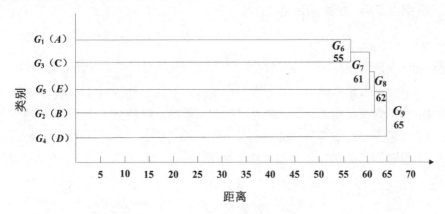

图 5-4　5 个商业零售点的聚类分析结果

三、评估结论

从聚类图中可以看出，当要求把被考评对象分为 4 类时，则以差距 55 为标准区分优劣，商业零售点 A 和 C 归为一类。当要求把被考评对象分为 3 类时，则以差距 61 为标准区分优劣，商业零售点 A、C 和 E 归为一类。当要求把被考评对象分为 2 类时，则以差距 62 为标准区分优劣，商业零售点 A、B、C 和 E 归为一类。

第六章　系统动力学方法及其应用

在自然界中，很多事物之间存在着因果关系，它们相互影响、相互作用，构成了复杂系统。如何研究复杂系统的内在规律，一直是许多学者在思考的问题。系统动力学方法是一种整体分析与局部透析相结合的方法，可较好地克服部分传统方法难以反映过程细节的不足，以保证评估结果的可信性。

第一节　系统动力学方法基本原理

一、系统动力学的基本概念

（一）什么是系统动力学

系统动力学（System Dynamics 简称为 SD）是研究信息反馈系统动态行为的计算机仿真方法。它有效地把信息反馈的控制原理与因果关系的逻辑分析结合起来，面对复杂的问题，从研究系统的内部结构入手，建立系统的仿真模型，对模型实施不同的政策方案，通过计算机仿真展示系统的结构、功能和行为之间的动态关系，寻求解决问题的正确途径。

系统动力学是管理科学和系统科学的分支学科，它遵循系统工程"凡系统必有结构，系统结构决定系统功能"的基本思想，根据系统内部组成要素互为因果的反馈特点，从系统的内部结构来寻求问题发生的根源，而不是用外部的干扰或随机事件来说明系统的行为性质。系统动力学是面向问题而不是面向整个系统，所有的系统动力学建模都是围绕某一个系统问题进行的。

系统动力学是由美国麻省理工学院（MIT）教授福雷斯特（J.W.Forrester）于 1956 年提出，并最先应用于工业企业管理中，处理生产与雇员情况的波动，市场股票与市场增长的不稳定性等，称为工业动力学。尔后，被应用于全球人口、资源、粮食、环境等方面的未来和发展研究。到 20 世纪七八十年代，系统动力学进入其发展的鼎盛时期，应用范围遍及社会、经济、政治、军事以及工程领域的多方面，远远超出了工业领域的范畴，由于这些领域的应用在技术上没有本质差别，所以将其研究方法改称为"系统动力学"。

（二）系统动力学的研究对象

系统动力学是一门探索如何认识和解决系统问题的学科，同时也是一门研究系统内部信息反馈机制的学科。系统动力学强调系统、整体的观点，联系、发展、运动的观点。系统动力学认为系统的行为模式与特性主要取决于其内部的结构与反馈机制；系统在内外动力和制约因素的作用下按一定的规律发展演化。

系统动力学研究系统问题的方法是定性与定量相结合，系统整体思考与分析、推理与综合相结合。系统动力学模型模拟是一种"结构—功能"模拟，它最适用于研究复杂系统的结构、功能和行为之间动态变化关系。

系统动力学的研究对象主要是开放系统，是政治、经济、军事、社会和生态等复杂系统，其建模的过程是一个学习、调查研究的过程，模型的主要功能在于向人们提供一种进行学习与政策分析的工具。

（三）因果反馈结构

系统动力学认为，虽然外部条件有时也有影响，但系统的行为模式与特性主要取决于内部的动态结构与反馈机制。系统动力学在确定系统结构时常借助于因果关系图和流图。

1. 因果关系的意义

系统是由相互联系、相互影响的元素组成。在系统动力学方法中，元素之间的联系或关系可概括为因果关系。所谓因果关系，是对两个变量之间的作用关系进行原因和结果间的分析，即分析哪个变量是"因"，哪个变量是"果"，以及"因"对"果"是产生正的作用还是负的作用。正是这种因果关系的相互作用，最终形成系统的功能和行为。因此，因果关系分析是系统动力学建模的基础，同时是对系统内部结构关系的一种定性描述或真实的写照。如果不能搞清系统的因果关系则无法构造系统动力学模型。

因果关系的确定能把复杂系统的问题较为简单地表示出来，既符合逻辑又直观明了，且便于修改和讨论。因此，因果关系分析给我们研究大系统提供了科学的思路。

因果关系图由系统变量、因果关系键和关系键的极性组成。因果关系键用箭线（→）表示，线尾表示"因"，箭头表示"果"。一般来说，系统要素用封闭圆形表示，中间标注其变量名称及符号。图 6-1 表示了因果关系。图中 A 是原因，B 是结果，如果 A、B 变化方向一致（如 A 增加，则 B 也增加），就称 A、B 间具有正因果关系，用"+"号标于键上（旁），如图 6-1（b）所示。同理图 6-1（c）中表示负因果关系，即 A、B 的变化方向相反，当 A 增加时，引起 B 减少。

系统中任意具有因果关系的两个变量，其关系不外乎是正或负的因果关系。因果关系表示的是逻辑关系，没有任何计量上的意义，也没有时间上的意义。

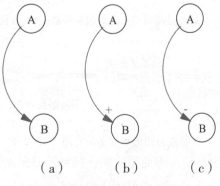

（a）　　　（b）　　　（c）

图 6-1　因果关系

2. 因果关系反馈环

两个以上的因果关系键首尾相连而形成环形，就是因果关系环，或称因果关系反馈环。图 6-2 是因果关系反馈环示意图，这里反馈的意义就是信息的传递与返回。一组相互联结的反馈回路的集合构成反馈系统。

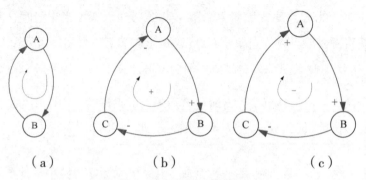

图 6-2　因果关系反馈环

系统动力学了解系统动态特性的主要方法是回路分析法（即因果关系和反馈思想）。反馈回路中的因果关系都是相互的，从整体上讲，我们无法判定任意两种因素谁是因、谁是果。社会和个人的决策过程也是这样。导致行动的决策是企图改变系统的状态；改变了的状态又产生进一步的决策及变化，这即形成了因果反馈回路。因此，互为因果就成了反馈回路的基本特征。

因为因果关系键有正负之分，因此，由这种带极性的因果键串联而成的反馈环也必定有正负之分。图 6-2（b）（c）则分别表示的是正、负反馈回路。

正反馈环的行为特点是：反馈环中任一变量的变动，最后会使该变量同方向变动的趋势加强。正反馈环的作用是持续地自我强化或弱化。换言之，系统将会朝着两个极端变化，变量值越来越大或越来越小，产生背离系统目标的现象。

负反馈环的行为特点是：当环中一个要素发生变化后，通过因果环中各元素的相互作用，最终使该要素减少其变化，系统的反馈环具有自我控制、自我调节其变化的作用，从而使系统趋于稳定的状态。因此，负反馈环能够实现决策者的既定目标。

如何确定反馈的正负极性，一般原则是：若反馈回路包含零个或偶数个负的因果链，则其极性为正，叫正反馈回路；若反馈回路包含奇数个负的因果链，则该环为负反馈环。

3. 反馈系统实例

（1）一个简单的库存控制系统。不断地发货会使库存减少，因此，当库存减至某一水平时，库存管理人员就要向生产厂家发出订单以使库存恢复。这样关于当前库存的信息就传递到订货部门，再到生产者，最终以货物的形式回到库存部门；（如图 6-3 所示）

（2）一个简单的商业网点问题的反馈结构。由于地理条件的原因，商业网点受用地所限，这是一个在有限土地上的商业网点建设问题。图 6-4 给出了两个负反馈回路和一个正反馈回路。商业网点与网点建设构成正反馈回路，城市商业网点与网点拆毁构成负反馈回路。当建设速度高于拆毁速度时，网点数量将呈现增加的趋势。网点数量增加使得可供建设网点的地方越来越少，建设进度不得不放慢，一定条件下商业网点数量将趋于稳定。

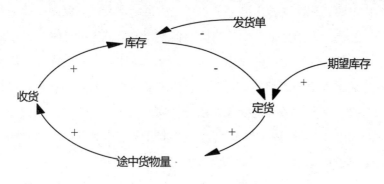

图 6-3　一个简单的库存控制系统

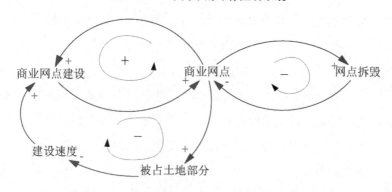

图 6-4　一个简单的商业网点问题的反馈结构

（3）兰切斯特平方律描述的系统对应的反馈结构。该系统形成了红方战斗力→蓝方损耗率→蓝方战斗力→红方损耗率→红方战斗力的闭合回路。这是一个正反馈回路，说明技术和兵力优势对于提高对方的损耗率，加大对方的兵力损耗有明显的作用。（见图 6-5）

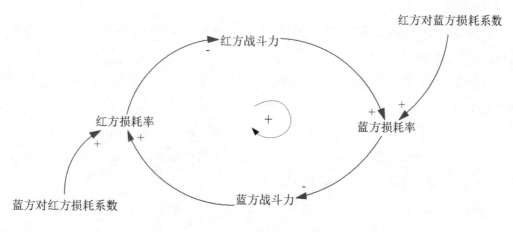

图 6-5　平方律因果关系图

（四）系统动力学流图

因果反馈回路表达了系统发生变化的原因即反馈结构，但这种定性描述还不能确定使回路中的变量发生变化的机制。为了进一步明确表示系统各元素之间的数量关系，系统动力学在构思系统模型时，往往在做出因果关系图之后再画出流图。流图设计是系统动力学建模的重要步骤，系统动力学把系统中的物质与信息想象为流体的运动，设计出一套符号来描述系统，用这种符号描述系统的图称为流图。流图描述介于文字描述与数学方程描述之间，特别适宜于表示各部分之间的相互关系，流图的特点是直观、易理解、便于检查，它是建模的有力工具。流图中基本变量及表示符号如下：

流位变量（LEVEL）：系统内流量的积累，描述系统内部状态，符号为矩形。人口、库存量、战斗力量等都可作为流位，又称为水平变量或积累变量。

流率变量（RATE）：单位时间内流入或流出流位的流量，是控制流位的变量，符号形式似一个阀门。如人口出生率、战斗损耗率、入库率等。

流线：物流或信息流。表示系统中的流，包括物质流、能量流和信息流三种，按是否遵守物理学上的守恒定律，流只分为物质流和信息流二种。物质流：表示在系统中流动的实体，用实线表示。例如：材料、产品、劳动力、人口、物种、资产、住宅、国土、资源、能源、污染、订货、需求、货币等。信息流：表示连接状态和变化率的信息通道，是与因果关系相连的信息的传输线路，用虚线表示。物质能量是一种守恒流，信息流不是一种守恒流。从某一状态取出信息并不使该状态值发生变化，信息可以多次使用，一般在信息取出的地方画一个小圆圈表示信息的来源。

辅助变量：设置在流位与流率之间的信息通道上的变量，目的是对流位或流率变量的细化。它的引入使系统的结构和各要素的作用更为清晰，使流率的表达式得以简化，符号一般为一圆，辅助变量往往具有独立的经济（物理）意义。

常量：系统模型进行实验，在模拟时间内保持不变的参数值。用小圆圈加一短横线表示。

信息的提取：一般在信息取出的地方画一个小圆圈表示信息的来源。从某一流位变量取得信息并不会使该流位的值变小。

图外的变量：在画局部流图时，往往流线的起点或终点是局部图外的变量，这时可在该变量外加括弧表示。

表函数关系：当两个变量有表函数关系时，一般以内生变量用一圆内加两横表示。

外生变量：由作为研究对象的系统之外决定，对内生变量有影响，反过来却不受内生变量影响的变量，其符号一般为双圆圈。

函数：与其他计算机语言一样，系统动力学的模拟语言 DYNAMO 中提供了常用的两类函数：普通函数和延迟函数。普通函数在流图中一般用一个圆圈表示，圆圈中标注函数名。

在实际社会中，无论是物流还是信息流，从流入到流出，可能有一个延迟时间，正是由于系统中的这种延迟现象，使得信息反馈系统呈现各种生动、复杂的动态特征。

源点和汇点：分别表示来自系统外的流的起源和离开系统的流的归宿，符号一般为水库状封闭曲线。源点和汇点仅仅是为流图描述的整洁的需要，对系统的行为不产生任何影响，在模拟方程和实验中没有表示。各变量符号表示如图 6-6 所示。

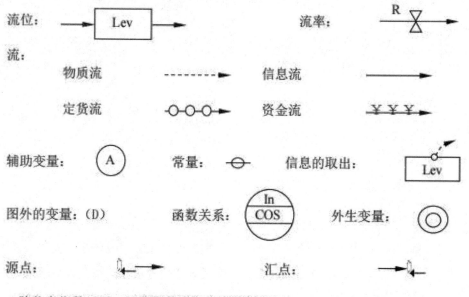

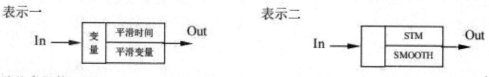

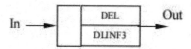

图 6-6　流图中的各种符号

一个系统的流图是系统动力学基本变量和表示符号的有机组合。例如，图 6-5 的作战系统的 SD 流图如图 6-7 所示。比较因果关系图和流图就可以看出：因果关系图只能描述反馈结构的基本方面，却不能反映不同性质变量的区别。例如，流位变量与流率变量是系统动力学中最重要的量，然而因果关系图完全把它们与其他量不加区别地对待。流图不仅能表达因果关系图的全部含义，而且还能使系统的流位、流率变量及其性质一目了然，反映出系统是怎样通过系统内部的各种流来沟通的。进一步地把流图的关系定量化，系统动力学仿真便可以实现了。

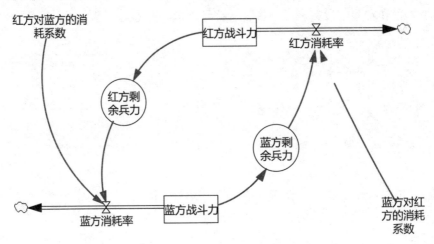

图 6-7 平方律流图

在流图中，如何确定流位变量和流率变量，一个积累过程用一个或者几个流位变量去描述，这取决于问题的定义和系统的动态性质。正确区分流位变量和流率变量却不是一件很容易的事。不能简单地根据变量的量纲来判断，而应根据流位变化和流率变量的性质，结合以下方法来判断一个变量的类别：设想从某时刻起让运动的系统突然停下，如果一个变量是流率变量的话，它的作用会立即终止或消失。而流位变量是过去所有行动结果的积累，即使现在没有活动，流位变量仍然继续存在并且能被观察到。故系统在静止状态下仍然存在并且能观察到的量就是流位变量，确定了流位变量后，再分析影响或改变流位变量的因素或动力，这些因素或动力就是流率变量。

二、系统动力学的构模

（一）系统动力学构模原则

1. 流位变量应能完整地、正确地描述系统

系统动力学以状态空间法描述系统的结构与其行为。流位代表系统中物质的积累或储存的量，系统的状态可以找到一个最小的变量组表述。

2. 流位变量仅仅受与其有关的流率变量控制

系统中任一流位的变化仅受其输入与输出流率变量的控制与影响。任一流位变量不能直接影响另一流位变量。

3. 模型中每一个反馈回路至少应包含一个流位变量

否则将出现产生同时辅助方程及不同流率变量直接连接的回路，这是不允许的。原则上，在模型中，流率变量只取决于流位变量与模型中的常数，且任一流率变量不能直接控制其他流率变量。

4. 关于流率变量及其方程的说明

（1）流率方程应当是"强壮"的。所谓"强壮"就是说，即使在当其输入量超出正常范围时，仍能做出合理的反应。流率方程即使在极端的条件下，甚至在实际系统中不可能出现的情况下，仍应有意义；

（2）区别期望流率与实际流率。比如，当库存过多时，可能希望有负的产品入库率，以便使库存减少，但这是不合实际的。因为产量的下限最低为零，不可能为负，产品入库率不可能为负；

（3）区别实际流率和人们已察觉的流率。实际的情况与人们察觉到的情况是有差别的，反映决策与行动的流率方程的结构，应该考虑到实际生活中决策者察觉到的信息有偏差与时延；

（4）描述决策与行动的流率应基于可能得到的信息。在实际系统中的信息十分丰富，但决策者一般只能得到其中的一小部分而不是全部。因此，描述决策的流率方程的结构应符合这一实际情况；

（5）不能随便生造参数。与变量相同，模型中每一个参数应该具有意义或可在真实系统中找出对应物。不应当为了凑出量纲而生造出毫无意义的比例系数与换算系数。

（二）系统动力学构模步骤

系统动力学的建模方法与实验过程如图 6-8 所示，具体包括 5 大步骤。

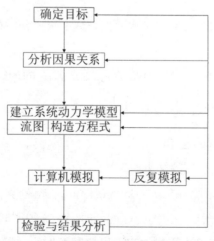

图 6-8　系统动力学方法建模与实验过程

1. 确定系统目标。包括：明确用户的要求、目的和弄清系统所要解决的问题；划定系统边界，分析系统与环境的关系分析主要矛盾与选择适当的变量，确定内生变量、外生变量、输入变量和政策变量；描述与问题有关的系统状态，预测系统的期望状态，观测系

统的特征;

2．系统的结构分析和因果关系分析。描述系统有关因素，解释各因素之间的内在关系，画出因果关系图；隔离划分系统的层次与子结构，重点在于分析系统整体的与局部的反馈关系、反馈环路及它们的耦合；估计系统的主导回路及其性质与动态转移的可能性通过观察反馈环的相互制约关系，制定控制系统的政策;

3．建立 SD 模型。在因果关系图的基础上，绘制流图；建立数学方程、描述定性与半定性的变量关系；最后构造方程与程序，并对模型做初步的检验与评估;

4．计算机模拟与政策分析。对程序赋予原始数据及政策变量，在计算机上模拟实验。绘制结果曲线图表、并调整数据、反复模拟实验;

5．结果的分析评估与模型的检验。对模拟结果进行分析，如果不满意，则按照图 6-8 从下至上修正。即先分析是否程序有错，是，则修改模型程序，再模拟；若否，则向流程的上一步分析查找。以此类推，直至满意为止。在反复模拟与分析的基础上更深入进行模型检验。剖析系统的问题；寻找解决问题方案并尽可能付诸实施；获取更丰富的信息发现新的问题与矛盾；修改模型修改程序，包括结构与参数的修改。

三、系统动力学仿真语言 DYNAMO 简介

（一）语言的基本规则

1．可使用的文字和符号

DYNAMO 语言可以使用的文字和符号共有 46 个，包括 26 个英文字母、0～9 这 10 个阿拉伯数字和如下的 10 个字符：空格、"+" "-" "*" "/" "(" ")" "," "."。

2．变量名称

变量名可由不超过六个英文字母或阿拉伯数字组成，但第一个必须是英文字母。

3．模拟控制变量

（1）DT——模拟步长，即 TIME.J 到 TIME.K 之间的时间间隔，一般可由系统中最小的时间常数 τ 来确定，取：$\frac{1}{5}\tau \leq DT \leq \frac{1}{2}\tau$;

（2）TIME——模拟的起始时刻;

（3）LENGTH——模拟的结束时刻;

（4）PRTPER——表格输出的打印间隔时间，无说明时，默认值为零;

（5）PLTPER——图形输出的打印间隔时间，无说明时，默认值为零。

以上五个模拟控制变量由用户设定，以控制模拟的过程。设定这些变量时，TIME 一般用初值方程（N 方程）表示，其余四个控制变量由 SPEC 语句引出，定义多个变量时用逗号或 "/" 分开，顺序任意。

例如：

N $TIME = 1970$ ，

$SPEC$ $DT = 0.5 / LENGTH = 2000 / PLTPER = 1$.

4. 时间表示

变量的时间附标是 J 、 K 、 L 、 JK 、 KL ，表示变量的取值时间。以正在计算的时刻为基准，现时刻记为 K ，前一时刻记为 J ，后一时刻记为 L 。由于 DT 是固定的，时间长度 JK 和 KL 都等于步长 DT 。时标加在变量名称的后面，前三个时标用于流位变量，后两个双时标 JK 和 KL 用于流率变量，意味着流率变量在时间间隔 JK 和 KL 中是不变的，这正是欧拉数值解法的要求。常数因不随时间变化不需加时标。

5. 注释和运行

一般模型的第一句应为注释语句（*语句或 $NOTE$ 语句），后接模型名，还可能有版本、日期等的说明，最长不超过48个字符。为使程序易于读懂，在程序中间也使用注释语句，它对模型的实际运行无影响。 $NOTE$ 语句中可无内容，仅起空行的作用。

此外，程序运行的指令 RUN 一般放在程序末。

（二）方程类型

1. 流位方程（ L 方程）

流位是积累量，任何时刻的流位值都是前一时刻流位值加上模拟步长内出入流率的差值的积累。流位方程的一般形式为

$$L : LEV.K = LEV.J + DT * (表达式)$$

凡是流位变量，必须给出初始值，由 N 方程（初值方程）给出，位置顺序不限，一般紧跟在相应的 L 方程之后。

2. 流率方程（ R 方程）

流率是控制流位的。对于某一流位变量，当只有一个流率控制它时，该流率才为流位的变化率。流率有两类：一种是控制流率，是可由人为控制的；另一类是影响流率，是不适于人为控制的。对于控制流率，其流率又常称为决策函数，其方程右部的表达式称为控制策略。不同的决策策略可以控制系统以达到期望的状态。

流率方程一般可抽象地表示为：

$$R : RATE.KL = f(LEV.K, C)$$

其中 C 为常量，由常量方程（ C 方程）设定。

系统动力学将系统中的物流或信息流看作是连续的流，由于模拟的需要，连续的流率才被离散化，但它在双下标表示的时间间隔内被认为不变。

3. 辅助方程（ A 方程）

从原理上讲，一个系统动力学模型只需要流位方程、流率方程及其相关的常量方程、初值方程。但实际上，辅助方程被大量应用。当流率对于流位或常量的关系相当复杂时，

可将流率方程中的一部分以辅助方程的形式单独列出。辅助方程往往具有独立的经济意义或物理意义。它的一般形式为：

$$A \qquad AUX.K = (\text{表达式})$$

辅助方程没有统一的标准，辅助变量的时间下标总是"$.K$"，辅助变量可由当前时刻的其他变量：状态变量、速率变量和其他辅助变量求出。

4．增补方程（S方程）

增补方程是为了从模型中多输出一些必需的派生信息而增补的静态方程，一般只要对已有的信息稍稍加工即可得到。增补方程的一般形式为：

$$S \qquad SUP.K = (\text{表达式})$$

例如：

$$S \qquad SUP.K = L1.K + L2.K + L3.K$$

表示变量 SUP 是由 $L1$、$L2$、$L3$ 三个变量相加而成。

5．常量方程（C方程）

常量方程是给模型中的常量赋值的方程。常量方程可以在 $RERUN$（重复运行）状态下修改，以做各种分析。常量方程的一般形式为：

$$C \qquad CONS.K = (\text{常数})$$

6．表方程（T方程）

当两个变量间不能用解析关系表达时，系统动力学方法只要求将经验曲线上的若干点的数值以 T 方程输入计算机。在模拟中当需要这些点之间的值时，表函数 $TABLE$ 和 $TABHE$ 会自动作线性插值。T 方程的应用使人们可充分地利用历史数据和经验数据介入模拟模型。T 方程的一般形式为：

$$T \qquad TAB = \{\text{数值1，数值2，数值3}, \cdots\}$$

7．初值方程（N方程）

初值方程的一般形式为：

$$N \qquad FIR = (\text{表达式})$$

初值方程有如下三方面的用途：

为流位变量赋初值。

如：

$$L \qquad INV.K = INV.J + DT * (OR.JK - SH.JK)$$

$$N \qquad NV = 1000$$

设置模拟起始时刻。

如：

$$N \qquad TIME = 1980$$

为必须经过计算才能确定的常量赋值。

如：

$$N \quad TOTAL = SUSC + SICK + IMM$$

$$N \quad SUSC = 150$$

$$N \quad SICK = 42$$

$$N \quad IMM = 89$$

如果它们不是流位的初值，后三个方程可由常量方程给出，第一个方程也可以人工相加后由常量方程给出。

（三）函数

DYNAMO 提供多种类型的函数，以便构模者建立方程和调试模型。主要包括以下六类：

1. 数学函数

DYNAMO 备有五种数学函数，采用标准数学符号：

$SQRT(X) = \sqrt{X}$ ，非负值变量 X 的开方；

$SIN(X) = \sin X$ ，变量 X 的正弦；

$COS(X) = \cos X$ ，变量 X 的余弦；

$EXP(X) = e^X$ ，指数函数， $e = 2.718\cdots$ ；

$LOGN(X) = \log_e^X$ ，以 e 为底的自然对数。

2. 逻辑函数

DYNAMO 的逻辑函数有 MAX 、 MIN 、 $CLIP$ 和 $SWITCH$ 等。

（1） $MAX(A,B)$ 取 A ， B 中较大者，即：

$$MAX(A,B) = \begin{cases} A, & A \geq B \\ B, & A < B \end{cases}$$

MAX 函数可以用来产生数的绝对值，表达式为： $MAX(A,-A)$ ，则不论 A 本身是正或负，此式总是取非负的 A 值。

MAX 函数有时也用于防止出现除式分母为 0 和负值的情况，表达式为：

$A / [MAX(B, 0.01)]$

（2） $MIN(A,B)$ 取 A ， B 中较小者，即：

$$MIN(A,B) = \begin{cases} B, & A \geq B \\ A, & A < B \end{cases}$$

（3） $CLIP(A,B,X,Y)$ 。此函数的功能为：

$$CLIP(A,B,X,Y) = \begin{cases} A, & X \geq Y \\ B, & X < Y \end{cases}$$

此函数使构模者能在模型模拟过程中，更换或改变原来的函数和常数值。

此函数另一表示式为：$FIFGE(A,B,X,Y)$。

（4）$SWITCH(A,B,X)$，此函数功能为：

$$SWITCH(A,B,X) = \begin{cases} A, & X=0 \\ B, & X \neq 0 \end{cases}$$

3．表函数

在系统描述中，往往需要用辅助变量描述某些变量之间的非线性关系，用其他变量之间的代数组合就不能胜任。DYNAMO 提供了表函数。表函数是利用图形来描述非线性关系的一种方法，表函数用第一列的 T 为标识。在辅助方程中，指出两变量的关系，自变量变化范围，自变量增量值等，在表函数方程中，将因变量对应值列出，用"/"分隔。在计算中，使用线性内插法，就可以用自变量的值来求出因变量的值，如：

A　　$ELBC.K = TABLE(TELBC, LFC.K, 0, 1, 0.1)$

T　　$TELBC = 1.3/1.28/1.25/1.22/1.18/1.1/0.7/2.3/0.1/0$

上述第一个方程表明 $ELBC$ 是 LFC 的因变量，LFC 从 0 变化到 1，增量为 0.1；对应的 $ELBC$ 的对应值由 $TELBC$ 方程列出，分别是 1.3，1.28，1.25，……0 等 10 个值；当 LFC 在 0.1 的间隔内，则用线性内插的方式来求得相应的值。如不希望线性内插，可用平滑内插表函数 $TABPL$（与 $TELBC$ 的区别在于插值方法）。

4．延迟函数

在研究反馈系统中的物质流和信息流时，人们常常要遇到延迟的问题，在物质流的延迟中，也可能是多阶的。系统动力学中提供延迟函数，可将它们用隐式表示出来。$DELAY1$，$DELAY3$ 分别表示 1 层，3 层的延迟的隐含状态。$DELAY1$，$DELAY3$ 的隐式状态变量是不能被打印输出的。如果使用 $DELAYP$ 函数，就能给出 3 个隐式状态变量总和的相应的输出。$DELAYP$ 方程代表 10 个方程，其中包括 3 个状态方程、3 个初值方程、3 个速率方程和 1 个总和方程。

5．平滑函数

在有随机因素存在的情况下，人们常常通过一个时间阶段的数据平均值来消除这种随机性。譬如，货物的销售，每天的销量存在随机的因素，而通过日平均销售量，就可以将这种随机的影响减小，这是一种平滑作用，但同时也带进来一定的延迟。信息延迟常常带有这种平滑的性质，所以，平滑函数也常常被用来进行信息延迟的描述。

譬如：我们用下面三个方程来描述这种平滑和延迟。

$$L \quad SVAR.K = SVAR.J + DT * SRATE.JK$$

$$N \quad SVAR = VAR$$

$$R \quad SRATE.KL = (VAR.K - SVAR.K)/STIME$$

上述三个方程就可以用 $SMOOTH$ 函数来描述为：

$$A \quad SVAR.K = SMOOTH(VAR.K, STIME)$$

6. 测试函数

通过不同类型的摄动实验可从模型及其代表的反馈系统获取大量信息。这些摄动实验借助各类测试函数进行的。在模型测试中可采用变量的突增、斜坡函数、振荡与随机干扰等。这些实验均有助于揭于模型内部结构与其动态行动的关系。这类测试的目的在于深入地研究模型和它所代表的信息反馈系统。DYNAMO 备有各类模拟外生摄动的测试函数，包括：斜坡函数 $RAMP$，脉冲函数 $PULSE$，正弦函数 SIN 和噪声函数 $NOISE$。关于测试函数的情况可参考有关资料，这里不做细述。

第二节　系统动力学方法特点和适用范围

一、特点

系统动力学方法具有以下特点：

（一）宏观与围观相结合

系统动力学是一门可用于研究处理社会、经济、生态和生物等一类高度非线性、高阶次、多变量、多重反馈、复杂时变大系统问题的学科。它可在宏观与微观的层次上对复杂、多层次、多部门、非线性的大规模系统进行综合研究。

（二）注重因果关系分析

系统动力学的研究对象主要是开放系统，它强调系统的观点，联系、发展与运动的观点；认为系统的行为模式与特性主要植根于其内部的动态结构与反馈机制。

（三）强调系统思考

系统动力学研究解决问题的方法是一种定性与定量结合，系统思考、系统分析、综合与推理的方法。尽可能地采用"白化"技术，把不良结构尽可能加以相对地"良化"。其模型模拟是一种结构—功能模拟。

（四）建模规范清晰

系统动力学最引人注目的特点之一是它的模型从总体上看是规范的，变量按系统基本结构的组成加以分类，尽管在辅助方程中可能含有半定量、半定性或定性的描述部分。规范的模型便于人们清晰地沟通思想，进行对存在问题的剖析和对政策实验的假设；便于处理复杂的问题，能一步步可靠地把假设中任何隐含的凌乱与迷津追索出来，而不带有人们言词上的含糊，情绪上的偏颇或直观上的差错。

（五）便于交叉研究

系统动力学的建模过程便于实现建模人员、决策者和专家群众的三结合，便于运用各种数据、资料、人们的经验与知识，同时也便于汲取、融汇其他系统学科与其他科学理论的精髓。

二、适用范围

与其他模型方法相比，系统动力学更适合解决具有以下特点的问题：

（一）适用于处理长期性和周期性的问题

如自然界的生态平衡、人的生命周期和社会问题中的经济危机等都呈现周期性规律并需通过较长的历史阶段来观察，已有不少系统动力学模型对其机制做出了较为科学的解释。

（二）适用于对数据不足的问题进行研究

建模中常常遇到数据不足或某些数据难于量化的问题，系统动力学各要素之间的因果关系及有限的数据及一定的结构仍可进行推算分析。SD 模型的结构是以反馈环为基础的，动态系统的理论与实践表明，多重反馈环的存在使得系统行为模式对大多数参数不敏感。这样，尽管数据缺乏对参数估计不利，但只要估计的参数在其宽容度内，系统行为仍显示出相同的模式。在这种情况下，SD 方法仍能用于研究系统行为的动态变化。

（三）适用于处理精度要求不高的复杂的社会问题

上述总是常因描述方程是高阶非线性动态的，应用一般数学方法很难求解。系统动力学则借助于计算机及仿真技术仍能获得主要信息。

（四）适用于有条件预测的问题

本方法强调产生结果的条件，采取"if…then…；如果…则"的形式，对预测未来提供了新的手段。当然在这里我们还应该指出：SD 是面向问题而不是面向整个系统，系统动力学建模都是围绕某一个系统问题进行的，如交通阻塞、资源短缺、作战效率不高、科研项目进展不利，等等，如果我们面向整个交通网络、整个生态系统、战场系统、科研管理的各个方面，那么我们需要建立的模型会相当庞大和复杂而无法真正应用，因此，系统动力学建模是围绕某一个系统问题进行的，不可能包括系统的全部。

第三节 系统动力学方法应用案例

应用案例 1：应急物资保障体制优势评估分析

应急物资保障体制是为组织实施应急物资保障工作而确立的组织体系和相应制度。是科学运用应急保障力量，充分地发挥应急保障能力的组织保证。应急物资保障体制系统具有复杂性、动态性和非线性等特点，对其体制优势进行评估分析，系统动学方法有其独特的优势。本案例将通过系统动力学评估方法，构建三级应急物资保障体制的 SD 仿真理想模型和仿真延迟模型。充分考虑保障系统各生成各要素之间都具有的反馈性和时滞性，通过模型仿真对三级应急物资保障系统的稳定性进行分析，指出建立二级应急物资保障体制的条件，分析三级联合的保障体制对保持保障系统稳定性的重要作用。

总体来看，应急物资保障系统主要是国家层面应急物资保障部门、省市层面应急物资保障部门和当应急物资保障部门三级保障体制。该应急物资保障体制可用三级保障效能SD模型来描述。考虑到信息技术和物流网络发展程度不同，主要从应急物资保障体制SD仿真理想模型和SD仿真延迟模型两个方面进行仿真建模分析。

一、应急物资保障体制SD理想模型分析

应急物资保障体制SD仿真理想模型不考虑信息延迟和物流网络的物质延迟，是一种理想化的仿真模型，但同时也是信息技术和物流网络高度发展状态下的一种模型。其建模的主要思想为需求地区提供日常消耗的应急物资，当出现无法满足的保障需求时，即出现物资保障需求差，从而加快实施物资保障的速率，引起省市层面物资保障资源水平量下降进而出现省市层级物资保障需求差，同时省市层级加快物资保障实施速率引起国家层面保障资源水平量下降又带来国家层面物资保障需求差，从而加快物资保障实施速率，其三级物资保障体制SD模型流图如图6-9所示。

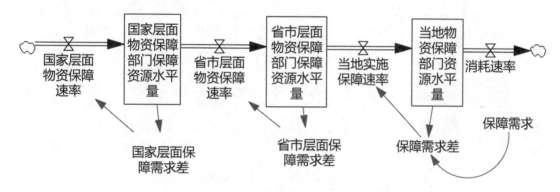

图 6-9　应急物资保障体制 SD 仿真理想模型

由于系统动力学模型行为模式和结果主要由模型结构所决定，而与具体参数值相关性不大，所以，系统动力学模型对参数精确度的要求不像传统系统工程方法要求那么高，只需满足建模的要求与目的。设定仿真步长为一天，国家层面物资保障部门、省市层面物资保障部门、当地物资保障部门保障资源水平量分别为15000、7000和1500个单位，初始物资保障需求为2000个单位，利用STEP跳跃函数，设定在第30天时出现第二次物资保障需求，为4500个单位。通过DYNAMO方程对模型进行编程和赋值，运用Vensim软件进行仿真后得到装备保障效能如图6-10所示（曲线1、2、3分别表示国家层面物资保障部门、省市层面物资保障部门、当地物资保障部门保障资源水平量，同理图6-13和图6-14）。从图6-10中可以看出，初始物资保障需求约为当地物资保障部门保障能力的1.33倍，物资保障系统能够满足物资保障需求，并出现小幅波动，且在第11天时系统重新得到稳定。

第二次物资保障需求出现在第 30 天，为当地物资保障部门保障能力的 3 倍，图 6-10 显示，物资保障系统出现系为大幅的波动，当地物资保障部门最大波动幅度为 90.2%，省市层面物资保障部门最大波动幅度为 23.61%、国家层面物资保障部门最大波动幅度为 3.47%。应急物资保障系统逐步收敛，在第 58 天即第二次保障需求出现后的第 18 天时重新得到稳定。

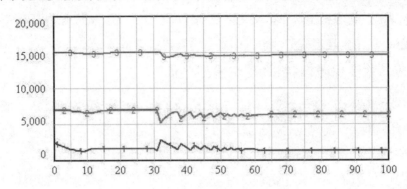

图 6-10　SD 理想模型仿真曲线图

通过多次试验与仿真，改变保障需求量的大小，得到不同保障需求量情况下保障系统的波动幅度数据如表 6-1 所示。

保障需求量	2000	3000	4000	4500	5000	5500	6000
当地物资保障部门最大波动幅度	28.33%	36.7%	70%	90.2%	130.6%	141.7%	152.7%
省市层面物资保障部门最大波动幅度	4.24%	10.71%	17.86%	23.61%	25%	28.6%	32.14%
国家层面物资保障部门最大波动幅度	1.31%	1.95%	2.12%	3.47%	4.54%	5.18%	5.83%

表 6-1　应急物资保障需求变化对保障系统波动幅度的影响

综合图 6-10 和表 6-1 可以看出：

①三级应急物资保障体制的波动幅度从大到小依次为当地物资保障部门，省市层面物资保障部门，国家层面物资保障部门。当地物资保障部门保障资源水平量随着保障需求量的变化波动幅度最大，且在保障需求量为当地保障资源水平量 2~3 倍时波动幅度变化更为明显，之后又进入一个较为平缓的变化阶段。省市层面物资保障部门和国家层面物资保障部门波动幅度始终较为平缓，且省市层面物资保障部门这一保障层次一定程度上缓解国家层面物资保障部门的保障物资需求差波动幅度；

②三级物资保障体制一定程度上有利于整个保障系统的稳定和控制，省市层面物资保障部门一定程度上缓解了当地突然出现的应急保障需求对国家层面物资保障部门战略储备的带来的波动，使其始终维持在一个较为稳定的水平；

③当省市层面物资保障部门保障允许承担一定幅度的波动时，可减少省市层面物资保

障部门保障环节，直接采用国家层面物资保障部门—当地两级应急物资保障体制，但前提是应急物资保障需求出现不会过于频繁且不要远远大于当地物资保障能力，即当出现全范围、大规模、大区域应急物资保障局面的可能性较小、且信息技术、军事物流网络达到一定程度时，可以采用国家层面物资保障部门——当地物资保障部门二级应急物资保障体制。

二、应急物资保障体制 SD 延迟模型评估分析

应急物资保障体制 SD 仿真延迟模型是充分考虑信息延迟和物流网络的物质延迟，同时也是较为符合现代物资保障实际情况的一种评估模型。这里主要考虑国家层面物资保障部门需求计划时间、支援时间和省市层面物资保障部门支援时间。建立纵向保障系统内部组织保障的延迟模型如图 6-11 所示。

为了反映地方保障力量支援对保障系统稳定性的影响，同时建立实施联合保障的延迟模型，模型改动部分如图 6-12 所示（完整模型略）。

为了更充分地反映保障系统的特性，利用 Time 参数控制保障需求出现的时间，分别设置两次不同的保障需求，即在系统仿真开始设置保障需求 1，其大小为 2000 个单位，在系统仿真第 20 天设置出现保障需求 2，其大小为 4000 个单位，地方资源储备设定为 1500个单位。

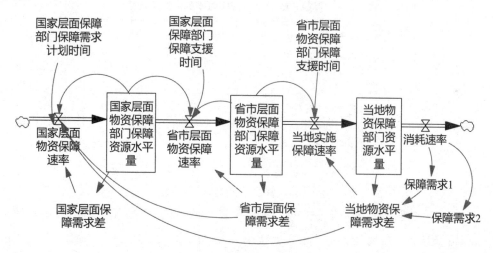

图 6-11 物资保障体制 SD 评估延迟模型

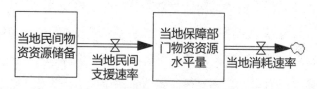

图 6-12 联合保障延迟模型调整部分

国家层面物资保障部门需求计划时间为国家层面物资保障部门接到保障需求开始，研究装备保障需求的实际情况、制定装备保障需求计划和实施方案等所需要的时间。国家层

面物资保障部门支援时间为制定物资保障需求实施方案后，国家层面物资保障部门统一组织、调配物资保障资源并运送至需求单位所需要的时间。省市层面物资保障部门支援时间为省市层面物资保障部门接到当地物资保障需求后对当地实施保障支援所需要的时间。国家层面物资保障部门需求计划时间、国家层面物资保障部门支援时间和省市层面物资保障部门支援时间分别设定为 2 天、3 天、2 天。第一次保障需求为 2000 个单位，为当地物资资源量的 1.33 倍；第二次物资保障需求量为 4000 个单位，为当地物资资源量的 2.67 倍。应急物资保障系统独立组织保障模型和联合保障模型仿真结果分别如图 6-13 和图 6-14 所示：

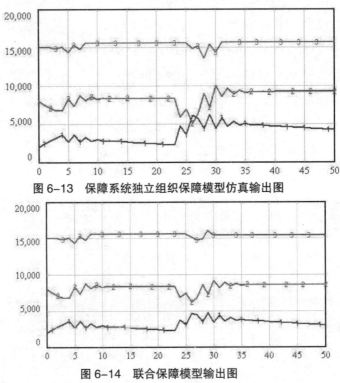

图 6-13　保障系统独立组织保障模型仿真输出图

图 6-14　联合保障模型输出图

从图 6-13 中可以看出，第一次物资保障需求对保障系统的稳定性影响较小，且各级物资保障资源量波动幅度较小，波动幅度从小到大依次为国家层面物资保障部门、省市层面物资保障部门和当地物资保障部门，省市层面物资保障部门在一定程度上缓冲了突发的物资保障需求对国家层面物资保障部门战略资源储备量的影响程度。从实验报告的结果分析出，当突发的物资保障需求大于当地物资保障资源量的 2.5 倍时，保障系统出现较为大幅的波动，系统开始趋向于不稳定，尤其是省市层面物资保障部门，由于受当地突发需求和国家层面物资保障部门需求计划和支援时间双重的影响，出现较为大幅的波动，波动幅度高达 102.3%。

从图 6-14 中可以看出，在出现第二次物资保障需求时，动用地方民间支援保障力量，一定程度上维持了整个保障系统的稳定性，省市层面物资保障部门一级的波动幅度降低到了 32.04%。当出现较大规模的物资保障需求时（从实验数据反映一般为部队保障资源水平量的 2.5 倍），由于国家层面物资保障部门制定保障需求计划、统一调配保障资源和中间的运输环节等引起的信息延迟和物质延迟，加之当地需求的保障规模大、时间紧，导致保障系统的巨幅波动。民间支援保障力量由于组织形式灵活多样，靠近需求区域一线，能够及时地保障当地对保障资源的部分需求，一定程度上缓解保障系统的保障压力，对于维持整个保障系统的稳定性和持续不间断的保障具有重要的作用。

为了进一步研究国家层面物资保障部门计划时间和支援时间对保障系统稳定的影响，分别统计不同需求计划时间和支援时间对国家层面物资保障部门、省市层面物资保障部门和当地保障资源水平量的影响程度数据。由于篇幅限制，此处只列出需求计划时间和支援时间变化为 1~3 天时对当地保障水平量的影响数据，如表 6-2 所示。

表 6-2　需求计划时间和支援时间对当地应急物资保障影响程度

国家层面物资保障部门需求计划时间	国家层面物资保障部门需求支援时间								
	1 天			2 天			3 天		
	省市层面物资保障部门需求支援时间								
	1 天	2 天	3 天	1 天	2 天	3 天	1 天	2 天	3 天
1 天	35.22%	68.9%	111.07%	43.5%	76.61%	146.9%	58.2%	107.1%	215.8%
2 天	42.08%	85.14%	140.6%	52.53%	95.17%	188.53%	71.31%	135.3%	282.3%
3 天	50.74%	106.3%	180%	64.04%	119.52%	244.99%	88.27%	172.9%	374.3%

按每行从左到右三个数据为一组和每列数据进行统计分析，分别如图 6-15、6-16 所示。

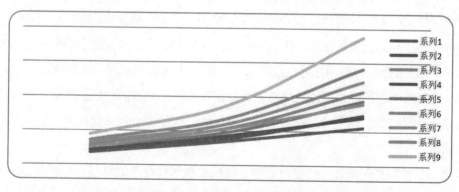

图 6-15　省市层面物资保障部门需求支援时间的影响程度

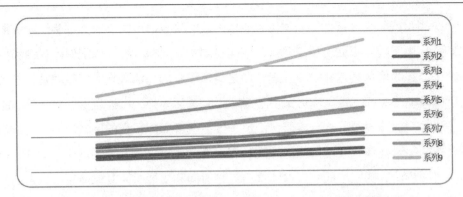

图 6-16 国家层面物资保障部门需求计划时间、支援时间的影响程度

可以看出，需求计划时间和支援时间对保障系统的稳定性有着较大的影响，图 6-15 反映了省市层面物资保障部门支援时间对当地保障水平量的影响程度，不难发现，其影响呈近似指数的关系，且变化较为急剧。图 6-16 反映了国家层面物资保障部门需求计划时间和支援时间对当地保障水平量的影响程度，其变化较为平缓，但要强于线性变化。因此，要保持保障系统的稳定性，缩短需求计划时间和需求支援时间是非常必要的，其中以缩短省市层面物资保障部门需求支援时间为重点。省市层面物资保障部门一级保障对保障系统影响呈现出的这种指数关系，同时也从一个侧面验证了联合保障仿真过程中，虽然民间支援数量并不大，但对整个应急保障系统却起到了很好的稳定性效果。

应用案例 2：区域保障中心库存评估优化分析

一、案例描述

在发生突发事件时，及时将应急保障物资送到正确的位置是评估区域保障中心保障能力的关键。保障物资通常是逐级供应，从上一级保障单位向下一级保障单位供应物资，应先由下级单位提出物资需求，而后由上级保障单位向需求单位实施供应。但从下级单位提出需求到上级单位实施供应，直到物资供应到需求单位，必然存在着时间延迟，也就是说，物资并不一定在要求的时间供应到需求单位。因此，本级保障单位在何时提出物资需求，将对上级保障单位能否及时供应相应的物资、准确保障需求单位物资需求有直接影响。

设面向一定地理范围的区域，建立一个物资保障中心，由该保障中心向上级保障部门提交物资需求（订货），集中存储应急物资，根据需求单位物资需求及时向各需求地区运送物资。该保障中心运行的关键是应急物资存储系统要有足够的存储量以保证各需求单位的物资需求，同时为减小上级保障部门的保障压力、保障中心运行费用和风险，又要尽量较少存储量。

因此，必须对其存储进行科学的管理。传统的存储计算是通过存储论模型来解决的，但是计算复杂、不直观、对历史数据的数量和准确性的依赖强，并且无法追踪系统中变量间相互影响与作用的逻辑关系与数量关系。系统动力学可以实现动态地追踪、反映系统行为，并且直观、易于理解、对历史数据的依赖和要求也较低。从而能够有效地解决保障中心存储的确定与控制问题。

本案例运用系统动力学的定性与定量分析相结合的原理和方法建立保障中心控制系统动力学模型，利用系统动力学仿真平台VENSIM软件提供的模拟环境，对模型进行仿真和结果分析。

二、保障中心物资存储控制因果关系分析

因果关系的确定能把复杂系统的问题较为简单地表示出来，因果关系分析是系统动力学建模的基础，同时也是对系统内部结构关系的一种定性描述，结合分析保障中心存储控制各因素之间的相互影响关系，可得到突发事件情况下应急物资保障中心存储控制因果关系图（图6-17）。

在图6-17中，箭线表示各要素之间的因果关系，标注"+"的表示正的因果关系，标注"-"的表示负的因果关系，保障中心物资存储控制因果关系分析直观地表示出了保障中心物资存储控制系统中各因素之间的相互影响关系。

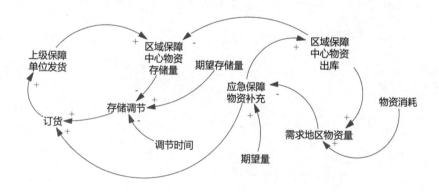

图6-17　保障中心物资存储控制因果关系分析

图6-17中有两个因果反馈回路，一是：需求地区物资量 ——→ 物资补充 ——⁺→ 区域保障中心物资出库 ——⁺→ 需求地区物资量，由于物资消耗会使需求地区物资量减少，为需求地区物资量达到期望量就要增加物资补充，随着物资补充量的增加，保障中心物资出库量也相应增大，进而使需求地区物资量增多；二是：区域保障中心物资存储量 ——→ 存储调节 ——⁺→ 订货 ——⁺→ 上级保障单位发货 ——→ 区域保障中心物资存储量，当保障中心有物资出库时，保障中心物资存储量减少，经过存储调节、订货、上级保障单位发货，使保障中心的物资存储量增加，最终实现了自调整。这是两个负反馈回路，负反馈回路使回路中各变量趋于稳定的特点，使得保障中心物资存储控制具有可调节性，这些反馈回路客观地反映了保障中心物资存储控制的机理。

三、区域保障中心物资存储控制系统动力学流图

一个区域保障中心保障的需求地区可能有多个，这里假设有 3 个需求地区。在保障中心物资存储控制因果关系图的基础上，建立保障中心物资存储控制系统动力学模型，利用 VENSIM 软件绘制其流图(图 6-18)。

模型中有保障中心物资存储量、各需求地区的物资量 4 个流位变量；保障中心的出库率和进库率、各需求地区的物资到达率和消耗率 8 个流率变量；信息延迟时间，保障中心的进库延迟时间，各需求地区的物资消耗量，保障中心及各需求地区的库存调节时间、期望库存量、库存调节率等辅助变量来描述各自所影响的流率变量。

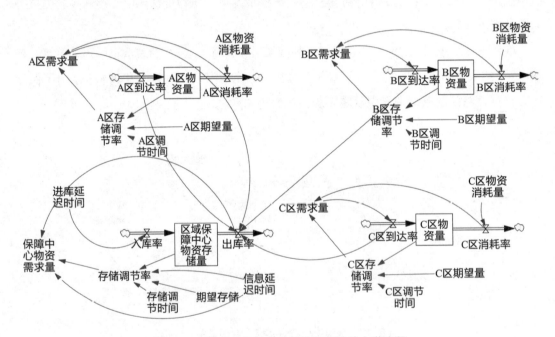

图 6-18　保障中心物资存储控制系统动力学流图

四、模型评估与仿真

设定上级保障单位能始终满足区域保障中心的需求，区域保障中心向各需求地区输送物资且无时间延迟，我们取各需求地区的调节时间均为 1 天，保障中心的调节时间为 3 天、进库延迟时间为 2 天、信息延迟时间为 2 天，保障中心、A、B、C 三个需求地区的物资初始量分别为 400、100、100、100 单位，保障中心、A、B、C 三个需求地区的期望物资量分别为 500、90、110、100 单位，A、B、C 三个需求地区的每天的物资消耗量分别为 35、45、40 单位。利用所建模型进行模拟，可以得到保障中心出库率、进库率、物资需求量如图 6-19 所示，保障中心、A、B、C 三个需求地区的物资量变化曲线如图 6-20 所示。

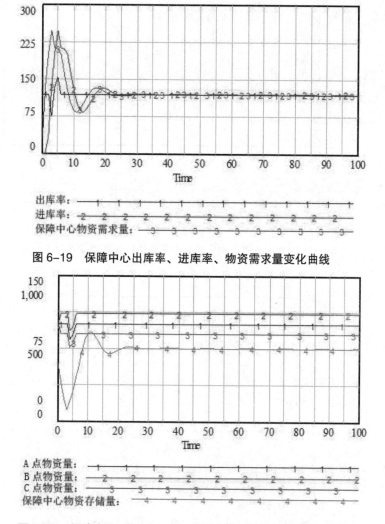

图6-19　保障中心出库率、进库率、物资需求量变化曲线

图6-20　保障中心、A、B、C三个需求地区的物资量变化曲线

图 6-20 中，纵坐标范围为 0—150 的是 A 区物资量、B 区物资量、C 区物资量的变化曲线；纵坐标范围为 0—1000 的是保障中心物资存储量的变化曲线（下面各图相同）。

1．进库延迟时间对物资库存控制的影响

将进库延迟时间改为 1 天，利用所建模型进行模拟，可以得到保障中心出库率、进库率、物资需求量如图 6-21 所示，保障中心、A、B、C 三个需求地区的物资量变化曲线如图 6-22 所示。将进库延迟时间改为 3 天，利用所建模型进行模拟，可以得到保障中心出库率、进库率、物资需求量如图 6-23 所示，保障中心、A、B、C 三个需求地区的物资量变化曲线如图 6-24 所示。

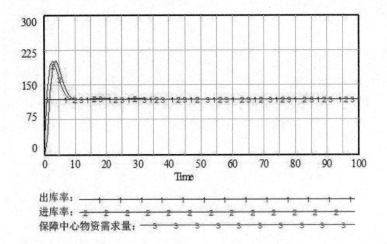

图 6-21 保障中心出库率、进库率、物资需求量变化曲线（1天）

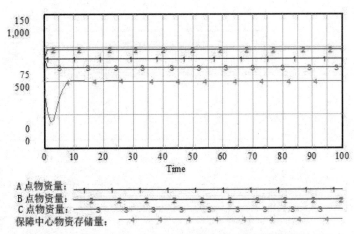

图 6-22 保障中心、A、B、C三个需求地区的物资量变化曲线（1天）

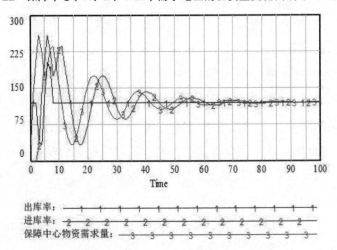

图 6-23 保障中心出库率、进库率、物资需求量变化曲线（3天）

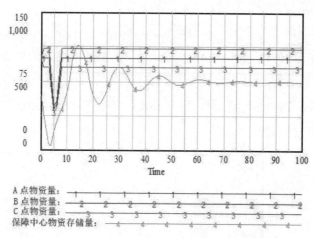

图 6-24　保障中心、A、B、C 三个需求地区的物资量变化曲线（3 天）

将进库延迟时间改为 4 天，利用模型进行模拟，可得到保障中心出库率、进库率、物资需求量如图 6-25 所示，保障中心、A、B、C 三个需求地区的物资量变化曲线如图 6-26 所示。

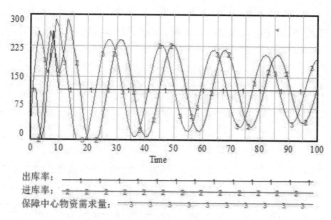

图 6-25　保障中心出库率、进库率、物资需求量变化曲线（4 天）

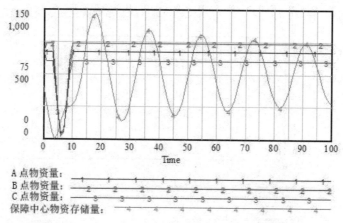

图 6-26　保障中心、A、B、C 三个需求地区的物资量变化曲线（4 天）

2．库存调节时间对物资库存控制的影响

将进库延迟时间改为 2 天，利用模型进行模拟，可得到保障中心出库率、进库率、物资需求量如图 6-27 所示，保障中心、A、B、C 三个需求地区的物资量变化曲线如图 6-28 所示。将进库延迟时间改为 4 天，利用模型进行模拟，可以得到保障中心出库率、进库率、物资需求量如图 6-29 所示，保障中心、A、B、C 三个需求地区的物资量变化曲线如图 6-30 所示。

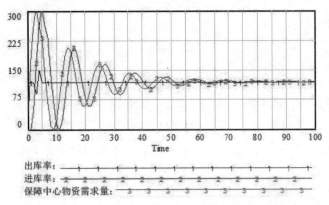

图 6-27　保障中心出库率、进库率、物资需求量变化曲线（进库延迟 2 天）

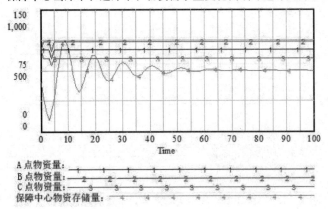

图 6-28　保障中心、A、B、C 三个需求地区的物资量变化曲线（进库延迟 2 天）

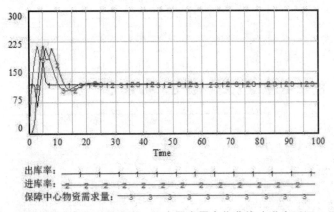

图 6-29　保障中心出库率、进库率、物资需求量变化曲线（进库延迟 4 天）

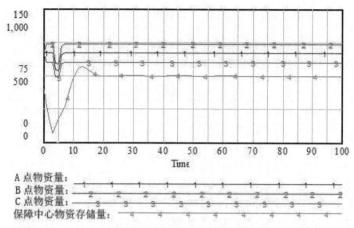

图 6-30　保障中心、A、B、C 三个需求地区的物资量变化曲线（进库延迟 4 天）

3. 预测保障中心初始物资初始量的最小量

在已知保障中心期望存储量、进库延迟时间、信息延迟时间、各需求地区的物资消耗量、保障中心以及各需求地区的库存调节时间、各需求地区期望库存量、各需求地区的初始物资量的情况下，可以利用该模型预测保障中心初始物资量的最小值。表 6-3 给出了保障中心期望存储量和进库延迟时间不同时保障中心初始物资量的最小值。

表 6-3　保障中心期望存储量和进库延迟时间不同时保障中心初始物资量的最小值

期望 存储量 延迟 时间	130	140	150	160	170	180	190	200	210	220	230	240	250	260	270	280
1	350	300	260	230	220	200	180	150	130	120	110	100	90	80	65	60
2	660	520	470	410	370	340	320	300	280	270	260	240	220	200	180	160
3			1110	770	690	600	550	520	465	430	400	370	365	360	355	350

分析表 6-3 中数据可以看出：在同样条件下，进库延迟时间越小，保障中心初始物资量的最小值越小；保障中心期望存储量越小，保障中心初始物资量的最小值越大。

通过改变参数进行多次模拟得出：当进库延迟时间为 3 天时，保障中心初始物资量最小值为 190，此时保障中心期望存储量至少为 540；当进库延迟时间为 2 天时，保障中心初始物资量最小值为 80，此时保障中心期望存储量至少为 420；当进库延迟时间为 1 天时，保障中心初始物资量最小值为 0，此时保障中心期望存储量至少为 490。

4. 预测保障中心期望存储量最小量

在已知保障中心初始物资量、进库延迟时间、信息延迟时间、各需求地区的物资消耗量、保障中心以及各需求地区的库存调节时间、各需求地区期望库存量、各需求地区的初始物资量的情况下，可以利用该模型预测保障中心初始物资量的最小值。表 6-4 给出了保障中心初始物资量和进库延迟时间不同时保障中心初始物资量的最小值。

表 6-4 保障中心初始物资量和进库延迟时间不同时保障中心初始物资量的最小值

初始物资量 延迟时间	100	110	120	130	140	150	160	170	180	190	200	210	220	230	240	250
1	235	225	215	210	205	200	200	195	190	185	180	175	165	160	160	155
2	380	345	320	305	300	290	280	275	270	265	260	255	250	240	240	235
初始物资量 延迟时间	200	210	220	230	240	250	260	270	280	290	300	310	320	330	340	350
3	520	500	480	460	440	420	400	380	360	350	345	335	335	320	300	280

分析表 6-4 中数据可以看出：在同样条件下，进库延迟时间越小，保障中心期望存储量越小；保障中心初始物资量的最小值越小，保障中心期望存储量越大。

通过改变参数进行多次模拟得出：当进库延迟时间为 3 天时，保障中心期望存储量最小值为 149，此时保障中心初始物资量至少为 1120；当进库延迟时间为 2 天时，保障中心期望存储量最小值为 122，此时保障中心初始物资量至少为 1090；当进库延迟时间为 1 天时，保障中心期望存储量最小值为 120，此时保障中心初始物资量至少为 490。

在（4）、（5）的模拟结果中，保障中心初始物资初始量和期望存储量达到最小时，与其对应的期望存储量和初始物资初始量的最小量都偏大，因此，当保障中心初始物资初始量和期望存储量达到最小时，整个保障中心的效益不一定最优，我们还要综合分析影响保障中心运行效益的其他因素，以此来确定最优的初始物资量和期望存储量。

本案例利用系统动力学原理和方法，分析了应急物资保障系统控制因果关系，构建了应急物资保障系统控制系统动力学仿真模型，通过对模型的仿真模拟，得出了改变进库延迟时间、库存调节时间等影响因素条件下，物资保障系统存储控制的运行规律，动态、真实地反映了实际系统。提供了一种评估物资保障系统初始存储量和期望存储量最小值的方法，可以为突发紧急事件情况下应急物资保障管理和决策提供一定的科学参考。

第七章　蒙特卡洛方法及其应用

蒙特卡洛方法是以概率论与数理统计的理论方法为基础，通过构造实际问题的概率模型，以随机试验或模拟技术为手段来近似求解的计算方法，也称统计试验法。它有着广泛的应用。特别是在电子计算机问世之后，为其提供了快速的计算工具，使之能够得到极为迅速的发展。

第一节　蒙特卡洛方法基本原理

一、蒙特卡洛方法的原理

蒙特卡洛方法源于第二次世界大战中美国研制原子弹的"曼哈顿计划"中的成员乌拉姆和冯. 诺伊曼的发明，因为它的实用和有效而大获成功。当时出于保密的原因将该方法以著名的摩纳哥赌城来命名。这是随机模拟方法发展的里程碑，虽然蒙特卡洛方法的历史可以追溯到更久远的 1777 年法国人蒲丰的投针试验，但在没有计算机时代的这种人工试验方法显然无法被推广发展。蒙特卡洛方法的灵魂就在于由计算机生成随机数序列，从而使得人们可以由此模拟出各种随机事件。

蒙特卡洛方法的基本思想是：用计算机产生一组随机数，使它们的概率分布与被模拟的随机现象的概率特性一致。对于随机数的某一个取值，计算机运算（试验）得到一个结果，再重复多次，然后统计处理输出结果，求得被模拟随机现象的概率和期望等指标。

蒙特卡洛方法的特点是通过对某一现象的多次"模拟"并求每次的结果，把这些结果加以统计平均，便得到所求量的近似值。统计的次数越多，越精确。这就是把它称为统计试验法的原因。用数学语言来说，就是从已知分布的样本中抽取部分"子样"加以观察，从而推出总体的性质。

从研究复杂的概率过程所得到的经验证明，在概率过程中随机因素的作用越明显，采用蒙特卡洛方法就越合适。

二、随机数的产生

随机数实质上就是具有给定概率分布的随机变量的可能值。随机数是实现统计模拟的基本工具。实现 1 次随机模拟所需要的随机数少则几千，多则几十万。因此，如何方便、快速又便于在计算机上实现的产生统计性质理想的随机数序列，是蒙特卡洛方法研究中的一项基本内容，同时也是蒙特卡洛方法能够成功应用的基础。

在各种分布的随机数中，特别重要的是[0,1]区间上均匀分布的随机数。之所以如此，因为它是用来产生随机模拟试验中需要的其他各种分布随机数的基础。实际情况下：随着模拟试验的进行，均匀分布的随机数反复地产生出来，由这些均匀分布的随机数的各种组合和变换，就可得到服从其他分布的随机数以供需要。

产生均匀分布随机数的常用方法有物理方法和数学方法。

物理方法产生随机数是通过随机数发生器实现的。所谓随机数发生器，就是利用物理方法产生某些随机数的特殊设备。随机发生器有各种各样，如抛硬币、掷筛子等就是简单的随机数发生器。用物理方法产生随机数代价高昂、不能重复、使用不便，但随机特性好。

数学方法产生随机数是按专门的程序由计算所得。这种随机数在统计特性上不完全是均匀分布的，只是1种近似于[0,1]区间上均匀分布的随机数，所以为了区别由物理方法产生的真正随机数，一般称其为伪随机数。用计算机产生伪随机数的方法有迭代取中法、移位法和同余法。目前在计算机模拟中常用的产生[0,1]区间上均匀分布的随机数的方法是同余法。

用数论中的同余运算产生伪随机数的数学方法称为同余法。由于产生伪随机数序列的周期较长，概率统计特性较好，是目前常用的一种方法。

给定1个初值X_0，而任1个随机数可由下面的公式得到：

$$X_{n+1} = (aX_0 + b) \bmod M \quad x_n = X_n/M \quad n = 1,2,3,\cdots$$

x_n即为[0,1]区间上均匀分布的随机数。上式中的a,b,M都是正值常数。$\bmod M$表示除以M后取其余数，上述方法称为混合同余法。特别地，如果$a=1$，称为加同余法。如果$b=0$，称为乘同余法。

目前已有专门产生[0,1]区间上均匀分布的随机数的标准子程序或标准库函数，用户可用程序语言直接调用。

三、蒙特卡洛方法的一般步骤

用蒙特卡洛方法的一般步骤如下：

（一）构造或描述概率过程

对于一些本身就具有随机性质的问题，如粒子运输问题，主要是正确描述和模拟这个概率过程，对于本来不是随机性质的确定性问题，比如计算定积分，就必须构造一个人为的概率过程，它的某些参量正好是所要求问题的解，即要将不具有随机性质的问题转化为随机性质的问题。

（二）实现从已知分布的抽样

构造了概率模型后，由于各种概率模型都可以看作各种各样的概率分布构成的，因此产生已知概率分布的随机变量（或随机向量）就成为蒙特卡洛方法模拟试验的基本手段。换句话说，这一步就是取随机变量、随机函数，随机流及随机事件的实现。

（三）多次模拟计算

根据上面所获得的随机现实，按所选定的描述概率模型的运算程序进行多次重复运算。

（四）统计处理与决断

对所得的结果进行统计处理，并根据需要的精度，做出停止抽样或继续进行抽样的决断。

四、模拟次数的确定和精度估计

（一）模拟次数的确定

在蒙特卡洛方法中为了保证结果具有给定的精度，必须进行足够多的模拟次数。下面给出粗略的估计公式。

如果从 N 次模拟试验中所得出事件 A 的发生频率为 P^*，则事件 A 的概率真值 P 将处于下列范围内：

$$P = P^* \pm t_\alpha \sqrt{\frac{P^*(1-P^*)}{N}}$$

式中 t_a 为 $t-$ 分布，当 $\alpha = 0.95$，N 是足够大（$N > 40$）时，$t_\alpha = 2$，上式简化为：

$$P = P^* \pm 2\sqrt{\frac{P^*(1-P^*)}{N}}$$

当 $P^* > 0.5$ 时，根式取负号；$P^* < 0.5$ 时，根式取正号；当 $P^* = 0.5$ 时，根式取正负号均可。

用蒙特卡洛方法估计事件 A 发生的概率时，为了使最大的实际可能误差不大于给定的 ε，所以必须模拟次数不应小于：

$$N = \frac{4P(1-P)}{\varepsilon^2}$$

式中 P 为事件 A 的概率。但由于 P 为未知，此时可以用前面几批模拟试验结果对 P 值予以估计，然后，随着模拟次数的不断增加进行修正。

（二）平均效率指标的精度估计

如果从 N 次模拟试验中，所得到的某效率指标观察值的期望为 $\overline{X}$，则效率指标（数学期望）的真值将在下列范围内：

$$\mu = \overline{X} \pm t_\alpha \sqrt{\frac{\overline{D}}{N}}$$

式中

$$\overline{X} = \frac{1}{N}\sum_{i=1}^{n} x_i$$

$$\overline{D} = \frac{1}{N-1}\sum_{i=1}^{N}(x_i - \overline{X})$$

$x_1, x_2 \cdots, x_i, \cdots x_N$ 为 N 次模拟结果。当 $\alpha=0.95$，N 足够大时 $t_\alpha = 2$，上式可简化为

$$\mu = \overline{X} \pm 2\sqrt{\frac{\overline{D}}{N}}$$

用蒙特卡洛方法估计随机变量 X 的数学期望时，如果要求误差不超过规定的 ε，则必须的最低模拟次数不应小于：

$$N = \frac{4\overline{D}}{\varepsilon^2}$$

其中 $\overline{D}$ 可由前几批试验结果进行预先粗略的估计，然后随着试验的进行再不断地予以修正。

五、随机事件和随机变量的模拟

（一）随机事件的模拟

1. 简单事件模拟

（1）单个随机事件模拟

设有一发生概率为 P 的随机事件 A。为了实现对该事件的模拟，只需由计算机产生一个在 $[0,1]$ 区间上均匀分布的随机数 ξ，若 $\xi \leq P$，则认为事件 A 发生，否则为没有发生。

这里，随机事件 A 与"随机数 ξ 满足 $\xi \leq P$"记为随机事件 B 是两个不同的随机现象，但它们具有完全相同的随机特性和概率分布，判定随机数 ξ 是否满足 $\xi \leq P$ 较容易，且能方便地在计算机上实现。蒙特卡洛法模拟的基本思想就是：对要模拟的随机事件 A，构造一个具有完全相同随机特性的事件 B，根据随机事件 B 的发生与否，最终实现对事件 A 的模拟。

（2）随机事件组的模拟

设 $A_1, A_2, \cdots, A_n$ 是作战过程中可能发生的事件组，其发生概率分别为 $P(A_i) = P_i$，$i = 1, 2, \cdots, n$，并且 $\sum_{i=1}^{n} P_i = 1$。现要模拟确定在行动过程中哪一个随机事件发生。

把 $[0,1]$ 区间分割成 n 个部分，其长度依次为 $P_1, P_2, \cdots, P_n$（如图 7-1）。

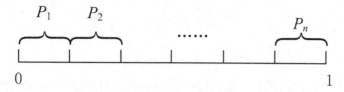

图 7-1　随机事件组概率示意图

产生 $[0,1]$ 区间上均匀分布的随机数 ξ ，于是 ξ 落在第 i 段上的概率为 P_i ，它与随机事件 A_i 发生概率完全相同。因此，如果 ξ 的值落在第 i 个区间上，则认为随机事件 A_i 发生了。即当 ξ 满足

$$P_0 + P_1 + \cdots + P_{i-1} < \xi < P_1 + P_2 + \cdots + P_i$$

其中 $P_0 = 0$ ， $i = 1, 2, \cdots, n$ 。

则认为事件 A_i 发生。

2. 复杂事件的模拟

这里以两个事件构成的复杂事件为例，说明复杂事件的模拟方法。设事件 A 与 B 的发生概率分别为 $P(A), P(B)$ ，事件 C 由 A 和 B 联合构成。

若 A 和 B 相互独立，产生两个在 $[0,1]$ 区间上均匀分布的随机数，由表 7-1 即可确定哪一个结果发生。

表 7-1　随机试验表

随机数状态	$\xi_1 \leq P(A)$; $\xi_2 \leq P(B)$	$\xi_1 \leq P(A)$; $\xi_2 > P(B)$	$\xi_1 > P(A)$; $\xi_2 \leq P(B)$	$\xi_1 > P(A)$; $\xi_2 > P(B)$
试验结果	AB	$A\bar{B}$	$\bar{A}B$	$\bar{A}\bar{B}$

对于非独立的情形要用到条件概率，给定条件概率 $P(B \mid A)$ 。产生两个在 $[0,1]$ 区间上均匀分布的随机数 ξ_1, ξ_2 ，若： $\xi_1 \leq P(A)$ ，则当 $\xi_2 \leq P(B \mid A)$ 时， AB 发生；当 $\xi_2 > P(B \mid A)$ 时， $A\bar{B}$ 发生。若： $\xi_1 > P(A)$ ，则当 $\xi_2 \leq P(B \mid \bar{A})$ 时， $\bar{A}B$ 发生；当 $\xi_2 > P(B \mid \bar{A})$ 时， $\bar{A}\bar{B}$ 发生。其中：

$$P(B \mid \bar{A}) = \frac{P(B) - P(A)P(B \mid A)}{1 - P(A)}$$

（二）随机变量的模拟

随机变量的模拟，是根据随机变量的分布规律，产生相应分布的随机数，模拟随机变量在行动过程中的取值。常用的方法为逆变换法。

逆变换法：设 X 是连续型随机变量，其分布函数 $F(x)$ 为已知，且 $F(x)$ 的反函数 $F^{-1}(x)$ 存在。由分布函数的性质可知， $F(x)$ 的值域为 $[0,1]$ 。设 ξ 是 $[0,1]$ 上均匀分布的随机变量，令 $\xi = F(x)$ ，则 $X = F^{-1}(\xi)$ 即是以 $F(x)$ 为分布函数的随机变量。

上述结论基于下面的定理：

定理：设随机变量 X 的分布函数 $F(x)$ 连续，密度函数为 $f(x)$ 。则随机变量

$$Y = F(X) = \int_{-\infty}^{X} f(x)dx$$

是 $[0,1]$ 区间上均匀分布的随机变量。（证明略）

根据这一定理，我们把求逆函数与产生 $[0,1]$ 上均匀分布的随机数的方法结合起来，即可确定某已知分布规律的随机变量的取值。

以下是几种常用的概率分布函数的随机数的产生方法。

1．某个随机变量 x 的分布律为负指数分布，其密度函数为

$$y = f(x) = \begin{cases} \lambda e^{-\lambda x} & x \geq 0 \\ 0 & x < 0 \end{cases}$$

试利用产生 $[0,1]$ 中均匀分布的随机数的方法来模拟 x 的取值：

x 的分布函数为：

$$y = F(x) = \int_{-\infty}^{x} f(t)dt = 1 - e^{-\lambda x}$$

y 在 $[0,1]$ 上连续。由定理，y 在 $[0,1]$ 上均匀分布。解之：

$$x = -\frac{1}{\lambda}\ln(1-y)$$

因为 $1-y$ 也是 $[0,1]$ 上的均匀分布的随机变量，所以，更为简洁，我们有

$$x = -\frac{1}{\lambda}\ln y$$

这就是说，利用计算机产生 $[0,1]$ 上的随机数 y 和上面的关系式，可以得到满足负指数分布的随机变量 x。

2．某随机变量 x 服从几何分布，试用产生随机数并通过计算的方法模拟 x 的取值。

随机变量 x 的广义密度函数为

$$f(x) = pq^k \qquad x = 0,1,2,\cdots$$

其中 $0 < p < 1$，$q = 1-p$

其分布函数为：

$$F(x) = \sum_{k=0}^{x} pq^k, \qquad x = 0,1,2,\cdots$$

因为：

$$1 - F(x) = \sum_{k=x+1}^{\infty} pq^k = q^{x+1}$$

所以：

$$\frac{1-F(x)}{q} = q^x$$

现在，$\dfrac{1-F(x)}{q}$ 也是 $[0,1]$ 中的一个随机数，令其为 ξ，则

$$\xi = q^x$$
$$x = \ln\xi / \ln q$$
$$取整 \quad x = [\ln\xi / \ln q]$$

第二节　蒙特卡洛方法特点和适用范围

一、特点

（一）优点

1. 能够比较逼真地描述具有随机性质的事物

用蒙特卡洛方法解决实际问题，可以直接从实际问题本身出发，而不从方程或数学表达式出发，且它有直观、形象的特点。

2. 收敛速度与问题的维数无关

由误差定义可知，在给定置信水平情况下，蒙特卡洛方法的收敛速度为 $O(N^{-1/2})$，与问题本身的维数无关。维数的变化，只会引起抽样时间及估计量计算时间的变化，不影响误差。也就是说，使用蒙特卡洛方法时，抽取的子样总数 N 与维数无关。维数的增加，除了增加相应的计算量外，不影响问题的误差。这一特点，决定了蒙特卡洛方法对多维问题的适应性。而一般数值方法，比如计算定积分时，计算时间随维数的幂次方而增加，而且，由于分点数与维数的幂次方成正比，需占用相当数量的计算机内存，这些都是一般数值方法计算高维积分时难以克服的问题。

3. 具有同时计算多个方案与多个未知量的能力

对于那些需要计算多个方案的问题，使用蒙特卡洛方法有时不需要像常规方法那样逐个计算，而可以同时计算所有的方案，其全部计算量几乎与计算一个方案的计算量相当；另外，使用蒙特卡洛方法还可以同时得到若干个所求量。

4. 误差容易确定

对于一般计算方法，要给出计算结果与真值的误差并不是一件容易的事情，而蒙特卡洛方法则不然。根据蒙特卡洛方法的误差公式，可以在计算所求量的同时计算出误差。对于很复杂的蒙特卡罗方法计算问题，也是容易确定的。

5. 程序结构简单，易于实现

在计算机上进行蒙特卡罗方法计算时，程序结构简单、分块性强、易于实现。

（二）缺点

1. 收敛速度慢

如前所述，蒙特卡罗方法的收敛速度为 $O(N^{-1/2})$，一般不容易得到精确度较高的近似结果。对于维数少（三维以下）的问题，不如其他方法好。

2. 误差具有概率性

由于蒙特卡罗方法的误差是在一定置信水平下估计的，所以它的误差具有概率性，而不是一般意义下的误差。

二、适用范围

蒙特卡洛方法可以解决下列两大类问题：一是研究和模拟随机过程并获得某些随机变量的概率特性；二是求解确定性问题。如用来解决积分计算、偏微分方程求解、矩阵求逆等难以用解析法求解的问题。

第三节 蒙特卡洛方法应用案例

应用案例1：港口船只排队模拟分析

近年来，随着我国经济的不断发展，港口的吞吐量逐步增加，为解决日益增长的货运需求与港口实际服务能力有限的矛盾，有必要采取多种措施来提高港口服务效率。在很多情况下，不少企业都寻求通过增加泊位来提高港口作业能力。但是，当由于水岸线不足、经费等原因无法增加泊位时，我们就需要使用管理和技术等手段，通过仅有的泊位来提高港口作业能力。那么，到底港口作业能力要提高到什么程度才能满足需要呢？这时可以采用排队论和蒙特卡洛法来进行模拟实验分析。

一、问题建模

根据排队论的观点，到港船舶可视为客户，港口可视为服务机构（对船舶进行装卸作业的机构）。

服务条件：单泊位，一艘轮船卸货的时间服从12小时到72小时的均匀分布。

输入过程：根据调查，轮船到达海港的间隔时间独立，服从均值为30小时的泊松分布。

排队规则：单队且对队长没有限制，先到先服务(船只 般在航道两侧或锚地等候)。轮船到达时如果停泊处有船卸货，排队等待，则服从先进先出。

1. 船只到达时刻（t_i）

第一艘船只的到达时刻＝其到达间隔，第二艘船只的到达时刻=前一艘船只的到达时刻+第二个船只的到达间隔，以此类推。

$$t_1 = \xi_1$$

ξ_i 为船只到达间隔。

$$t_i = t_{i-1} + \xi_i, (i > 2)$$

t_i 为第 i 个船只的到达时刻；ξ_i 为第 i 个船只的到达间隔，它通常是一个随机数。

2. 开始服务时刻（t_{iB}）

第一艘船只的开始服务时刻＝其到达时刻；第一艘船只的开始服务时刻＝其到达时刻；第二艘船只的开始服务时刻为第一艘船只的完成时刻和第二艘船只到达时刻的最大值，以此类推。

$$t_{1B} = \xi_1$$

t_{iB}——第 i 个船只的服务开始时刻。

$$t_{iB} = \max(t_{i-1E}, t_i), i > 2$$

其中 t_{i-1E} 为第 i 个船只的服务完成时刻。船只开始服务时间为到达时间和上一船只服务完成时间的较大者。即泊位闲时到达即开始服务，泊位忙时则等到上一船只服务完成。

3．等待时间 t_{iw}

每艘船只的等待时间＝开始服务时刻－到达时刻。

$$t_{iw} = t_{iB} - t_i$$

t_{iw} 为第 i 个船只等待时间。

4．完成时刻 t_{iE}

每艘船只的完成时刻＝开始服务时刻＋服务时间。

$$t_{iE} = t_{iB} + t_{is}$$

t_{is} 为第 i 个船只的服务时间，它通常是一个随机数。

5．停留时间 t_{iT}

每艘船只的停留时间＝完成时刻－到达时刻。

$$t_{iT} = t_{iE} - t_i$$

二、模拟步骤

港口船只排队用 Excel 2016 模拟步骤如下：

第一步：在第 A 列输入模拟的船只编号，本例从 1 到 100；

第二步：运用随机数生成器在第 B2~B101 生成 100 只船的到达间隔随机数据，在 F2~F101 生成 100 只船的服务时间的随机数；

第三步：利用前面的公式计算其他列数据；

第四步：计算平均等待时间和平均停留时间。

三、实验分析

按照上述方法，运用 Excel 2016 模拟 100 艘船的情况。得到结果如表 7–2 所示。

从表 7–2 可以看出，当轮船到达海港的间隔时间服从均值为 30 小时的泊松分布，一艘轮船卸货的时间服从 12 小时到 72 小时的均匀分布时，平均等待时间和平均停留时间都很长，效率很低下。长期来看，该海港将无法满足海运需求。如果我们采取现代管理手段和技术，使得一艘轮船卸货的时间服从 12 小时到 60 小时的均匀分布时，其结果如表 7–3 所示。同样，如果使得一艘轮船卸货的时间服从 12 小时到 50 小时的均匀分布时，其结果如表 7–4 所示。

表 7-2　初始结果（单位：小时）

轮船编号	到达间隔	到达时刻	开始服务	等待时间	服务时间	完成时刻	停留时间
1	43.0	43.0	43.0	0.0	54.4	97.4	54.4
2	31.0	74.0	97.4	23.4	43.0	140.4	66.4
3	35.0	109.0	140.4	31.4	52.2	192.7	83.7
4	32.0	141.0	192.7	51.7	55.3	248.0	107.0
5	33.0	174.0	248.0	74.0	56.7	304.6	130.6
6	31.0	205.0	304.6	99.6	43.0	347.6	142.6
7	31.0	236.0	347.6	111.6	16.1	363.8	127.8
8	31.0	267.0	363.8	96.8	19.2	383.0	116.0
9	34.0	301.0	383.0	82.0	35.7	418.7	117.7
10	34.0	335.0	418.7	83.7	20.5	439.3	104.3
11	39.0	374.0	439.3	65.3	17.8	457.1	83.1
12	26.0	400.0	457.1	57.1	35.7	492.8	92.8
…	…	…	…	…	…	…	…
99	25.0	3002.0	4002.7	1000.7	42.0	4044.7	1042.7
100	30.0	3032.0	4044.7	1012.7	61.9	4106.7	1074.7

注：平均等待时间=449 小时，平均停留时间=489.8 小时。

表 7-3　改进结果 1（单位：小时）

轮船编号	到达间隔	到达时刻	开始服务	等待时间	服务时间	完成时刻	停留时间
1	43.0	43.0	43.0	0.0	25.4	68.4	25.4
2	31.0	74.0	74.0	0.0	29.3	103.3	29.3
3	35.0	109.0	109.0	0.0	31.4	140.4	31.4
4	32.0	141.0	141.0	0.0	55.7	196.7	55.7
5	33.0	174.0	196.7	22.7	36.5	233.1	59.1
6	31.0	205.0	233.1	28.1	48.5	281.6	76.6
7	31.0	236.0	281.6	45.6	18.4	300.0	64.0
8	31.0	267.0	300.0	33.0	26.8	326.8	59.8
9	34.0	301.0	326.8	25.8	31.2	358.0	57.0
10	34.0	335.0	358.0	23.0	26.4	384.4	49.4
11	39.0	374.0	384.4	10.4	35.6	420.0	46.0
12	26.0	400.0	420.0	20.0	34.5	454.5	54.5
…	…	…	…	…	…	…	…
99	25.0	3002.0	3631.2	629.2	38.1	3669.2	667.2
100	30.0	3032.0	3669.2	637.2	57.2	3726.4	694.4

注：平均等待时间=249.1 小时，平均停留时间=285.9 小时。

从表 7-3 和表 7-4 可知，轮船卸货的时间服从 12 小时到 60 小时的均匀分布时，平均等待时间和平均停留时间都降低了将近一半；卸货时间服从 12 小时到 50 小时的均匀分布，那么平均等待时间和平均停留时间都将在原有的基础上降低超过一半，但仍然无法满足需求。

表 7-4 改进结果 2（单位：小时）

轮船编号	到达间隔	到达时刻	开始服务	等待时间	服务时间	完成时刻	停留时间
1	43.0	43.0	43.0	0.0	45.0	88.0	45.0
2	31.0	74.0	88.0	14.0	35.8	123.8	49.8
3	35.0	109.0	123.8	14.8	49.1	172.9	63.9
4	32.0	141.0	172.9	31.9	36.9	209.8	68.8
5	33.0	174.0	209.8	35.8	17.0	226.8	52.8
6	31.0	205.0	226.8	21.8	32.1	258.9	53.9
7	31.0	236.0	258.9	22.9	23.1	282.1	46.1
8	31.0	267.0	282.1	15.1	24.8	306.9	39.9
9	34.0	301.0	306.9	5.9	14.5	321.3	20.3
10	34.0	335.0	335.0	0.0	20.1	355.1	20.1
11	39.0	374.0	374.0	0.0	32.5	406.5	32.5
12	26.0	400.0	406.5	6.5	29.2	435.7	35.7
…	…	…	…	…	…	…	…
99	25.0	3002.0	3224.1	222.1	43.4	3267.5	265.5
100	30.0	3032.0	3267.5	235.5	17.3	3284.9	252.9

注：平均等待时间=102.7 小时，平均停留时间=134.7 小时。

如果我们进一步完善管理手段和技术，使得一艘轮船卸货的时间服从 12 小时到 40 小时的均匀分布，其结果如表 7-5 所示。由表 7-5 可知，当一艘轮船卸货的时间服从 12 小时到 40 小时的均匀分布时，该港口每艘船卸货的平均等待时间和平均停留时间均变得很少，效率已经能够满足实际需求。

表 7-5 改进结果 3（单位：小时）

轮船编号	到达间隔	到达时刻	开始服务	等待时间	服务时间	完成时刻	停留时间
1	43.0	43.0	43.0	0.0	21.8	64.8	21.8
2	31.0	74.0	74.0	0.0	19.1	93.1	19.1
3	35.0	109.0	109.0	0.0	34.5	143.5	34.5
4	32.0	141.0	143.5	2.5	19.3	162.8	21.8
5	33.0	174.0	174.0	0.0	22.1	196.1	22.1
6	31.0	205.0	205.0	0.0	35.2	240.2	35.2
7	31.0	236.0	240.2	4.2	15.0	255.2	19.2
8	31.0	267.0	267.0	0.0	33.2	300.2	33.2
9	34.0	301.0	301.0	0.0	19.4	320.4	19.4
10	34.0	335.0	335.0	0.0	14.7	349.7	14.7
11	39.0	374.0	374.0	0.0	36.2	410.2	36.2
12	26.0	400.0	410.2	10.2	19.9	430.1	30.1
…	…	…	…	…	…	…	…
99	25.0	3002.0	3003.0	1.0	25.0	3028.0	26.0
100	30.0	3032.0	3032.0	0.0	35.1	3067.1	35.1

注：平均等待时间=3.2 小时，平均停留时间=28.2 小时。

应用案例2：复杂系统可靠性仿真

可靠性是衡量复杂系统性能优劣的关键指标之一，对其进行科学的分析与评价，可以为复杂系统的诊断、改进和维修提供支撑，进而降低因系统故障而引起的各类事故风险。近年来，随着计算机信息处理能力的大幅提升，以蒙特卡洛法为基础的仿真法逐渐成为大型复杂系统可靠性分析的有效手段。

一、复杂系统可靠性分析模型

复杂系统是由众多的分系统、组件和元件按一定方式构成的。由于系统组成结构的庞大，各元件寿命与维修分布及数据形式的多样性，使得复杂系统可靠性分析极为烦琐。可靠性分析模型是分析复杂系统可靠性最有效手段，为此首先建立某一复杂系统可靠性分析模型。如图 7-2 所示，该系统是由众多单元通过串联、并联、旁联和冷储备等逻辑形式组成。每个单元既可以表示元件，也可以表示组件或者分系统。A 表示串联单元，B 表示并联单元，C 表示冷储备单元，D 表示 n 中取 k 表决单元，其中 i、j、m 和 n 为非负整数。分析系统可靠性时，从元件可靠性分析出发，依据系统可靠性分析模型，自下而上依次分析组件分系统和整个系统的可靠性。

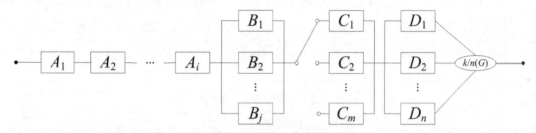

图 7-2　复杂系统可靠性分析模型示例

对于图 1 所示的复杂系统，设串联单元、并联单元、冷储备单元和表决单元的可靠度分别为 $R_A(t)$、$R_B(t)$、$R_C(t)$、$R_D(t)$，则整个系统的可靠度 $R(t)$ 为

$$R(t) = R_A(t) \cdot R_B(t) \cdot R_C(t) \cdot R_D(t)$$

其中，串联单元的可靠度为 $R_A(t) = \prod_{k=1}^{t} R_{A_k}(t)$；

并联单元的可靠度为 $R_B(t) = 1 - \prod_{k=1}^{j}(1 - R_{B_k}(t))$；

设冷储备单元中 m 个元件均服从指数分布，故障率为 λ，则冷储备单元可靠度为

$$R_C(t) = \sum_{k=0}^{m-1} \frac{(\lambda t)^k}{k!} \exp(-\lambda t) ;$$

表决单元的可靠度为 $R_D(t) = \sum_{i=k}^{n} \binom{n}{i} R^i (1-R)^{n-i}$。若已知系统组成元件的可靠性参数（如失效分布和失效率等），则可以求出每个元件的可靠度，进而根据系统组成单

元的逻辑关系，进而可以推算出系统的可靠度。

由此可见，即使在对冷储备系统进行简化的情况下，利用数学方法对复杂系统进行可靠性分析依然十分繁杂。

二、原理与步骤

基于蒙特卡洛法的复杂系统可靠性仿真基本原理是模拟系统运行时产生的故障事件和维修事件，系统组成元件的故障及其维修活动将会直接或间接地影响到系统的正常运行，依据这些事件对系统的影响来统计分析系统可靠性水平。

基于蒙特卡洛法的复杂系统可靠性仿真步骤如下：

第一步：基于单元的故障和维修分布，利用随机数抽样得到单元的故障事件和维修事件。在系统任务时间内，按照故障发生时间和优先级排列事件，构成可靠性分析所需要的故障事件表和维修事件表；

第二步：从初始化的系统时钟开始，扫描处理故障事件表和维修事件表。根据单元与任务的逻辑关系，判断其发生故障和实施维修是否会引起任务失败，在单元执行任务期间，若其累计失效时间超过预设值，则任务失败；

第三步：记录每一次仿真的结果，进行 N 次仿真时，若任务失败次数为 F ，则系统的任务可靠度近似值为 $R=1-F/N$ ；为确保仿真精度， N 至少取 2000 次。

三、实例分析

为验证运用蒙特卡洛法进行系统可靠性仿真的可行性，以某型船舶电气系统为对象分析其在 1 年内执行航运任务的可靠性。首先，通过分析该系统的组成结构、功能原理和任务剖面等建立图 7-3 所示的系统可靠性分析模型。

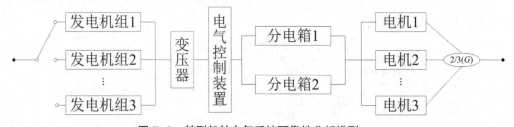

图 7-3　某型船舶电气系统可靠性分析模型

在调研和查阅资料基础上，得到表 7-6 所示的系统组成单二元的可靠性和维修性分布类型及其参数等。需要指出：指数分布虽然不能作为机械零件功能参数的分布规律，但是它可以近似地作为高可靠性的复杂部件、机器或系统的失效分布模型，且已经在部件或机器的整机试验中得到广泛的应用。为此，假定系统组成单元的可靠性与维修性分布皆为指数分布。

表 7-6　单元的可靠性和维修性分布函数及参数

单元名称	可靠性分布		维修性分布	
	类型	参数/h	类型	参数/h
发电机组 1	指数分布	10000	指数分布	24
发电机组 2	指数分布	10000	指数分布	24
发电机组 3	指数分布	10000	指数分布	24
变压器	指数分布	7940	指数分布	5
电气控制装置	指数分布	10000	指数分布	8
分电箱 1	指数分布	10000	指数分布	3
分电箱 2	指数分布	10000	指数分布	3
电机 1	指数分布	8400	指数分布	3
电机 2	指数分布	8840	指数分布	3
电机 3	指数分布	8120	指数分布	3

采用数学解析法推算该系统的任务可靠度。如图 7-3 所示整个系统是由 4 个分系统串联而成，即冷储备系统（发电机组）、串联系统（变压器和电气控制装置）、并联系统（分电箱）和表决系统（电机）。设 4 个分系统的可靠度分别为 $R_1(t)$、$R_2(t)$、$R_3(t)$ 和 $R_4(t)$。根据各组成单元的可靠性分布及参数，结合系统可靠性分析模型，推算出整个系统的任务可靠度为

$$R(8640) = R_1(8640)R_2(8640)R_3(8640)R_4(8640)$$
$$= 0.9429 \times 0.6178 \times 0.6653 \times 0.3768 = 0.1461$$

选取该系统任务期间内的 6 个时间点进行分析，采用蒙特卡洛法计算得到任务可靠度，并与数学解析法得到的任务可靠度进行对比。对比结果如表 7-7 所示。由此可见，本节提出的方法具有较高的可信性。

表 7-7　任务可靠度计算结果对比分析

时间点/h	解析法	蒙特卡洛法	误差/%
192	0.9703	0.9612	0.93
720	0.8899	0.8910	0.12
1440	0.7837	0.7876	1.9
2160	0.6878	0.6808	1.0
4320	0.4345	0.4300	1.0
8640	0.1460	0.1422	2.4

第八章 灰色系统建模方法及其应用

为了实施科学决策，通常要对系统中的未知因素进行预测。传统的预测方法很多，如回归分析、概率统计、神经网络，等等。这些方法都有其自身的科学性，但大都建立在数据的大样本的基础上，而更多固有的和人为的因素使许多系统呈现出灰色系统的许多特性，在很多情况下这些系统不能提供大量的数据样本，传统的预测方法在解决此类问题上受到了严重限制。而灰色系统建模理论较好地解决了"少数据"的问题，与传统预测方法相比，灰色模型只需要 4 个以上的数据就可以建模，同时也不需要知道这些数据的先验规律，对于解决"小数据""贫信息"的评估问题具有较高优势。本章对灰色系统建模基本理论及 GM(1,1)预测方法和应用问题进行探讨。

第一节 灰色系统建模理论基础

灰色系统理论（Grey System Theory）的创立源于 20 世纪 80 年代。邓聚龙教授在 1981 年上海中−美控制系统学术会议上所做的"含未知数系统的控制问题"的学术报告中首次使用了"灰色系统"一词。1982 年，邓聚龙发表了"参数不完全系统的最小信息正定""灰色系统的 控制问题"等系列论文，奠定了灰色系统理论的基础。他的论文在国际上引起了高度的重视，美国哈佛大学教授、《系统与控制通信》杂志主编布罗克特（Brockett）给予灰色系统理论高度评价，因而，众多的中青年学者加入到灰色系统理论的研究行列，积极探索灰色系统理论及其应用研究。

灰色系统理论属于系统论范畴，它主要研究"部分信息已知、部分信息未知"的"小样本""贫信息"不确定系统。它把控制论的观点和方法延伸到社会、经济、军事系统的产物，它是把系统科学与运筹学的数学方法相结合的初步尝试，是一个学科群。这门系统科学进一步体现了社会科学与自然科学一体化的特征，定性与定量相结合的基本思想得到了新的检验。目前，灰色系统理论得到了极为广泛的应用，不仅成功地应用于工程控制、经济管理、社会系统、生态系统等领域，而且在复杂多变的农业系统，如在水利、气象、生物防治、农机决策、农业规划、农业经济等方面也取得了可喜的成就。灰色系统理论在管理学、决策学、战略学、预测学、未来学、生命科学等领域展示了极为广泛的应用前景。

一、灰色系统

系统是人们在研究自然界、社会和思维规律时引申出来的概念，是指若干相互联系、相互作用的事物组合而成的整体。

按系统的要素性质来划分，系统可大致分为三类，即自然系统、人工系统和由前两者组合起来的系统。而灰色系统，从字面上看，它是以颜色命名的。在控制论中，人们常用颜色的深浅形容信息的明确程度，如内部信息未知的称为黑箱。我们用"黑"表示信息未知，而用白表示信息完全明确、用灰表示部分信息明确、部分信息不明确。相应地，将信息完全明确的系统称为白色系统，信息未知的系统称为白色系统，部分信息明确、部分信息不明确地系统称为灰色系统。也就是说，信息不充分、不完全称为"灰"，信息不完全的系统称为灰色系统或简称"灰系统"（Grey　system）。

灰色系统的概念是由英国科学家艾什比（W・R・Ashby）所提出的"黑箱"（Black Box）概念发展演进而来，是自动控制和运筹学相结合的产物。艾什比利用黑箱来描述那些内部结构、特性、参数全部未知而只能从对象外部和对象运动的因果关系及输出输入关系来研究的一类事物。灰色系统理论则主张从事物内部，从系统内部结构及参数去研究系统，通过已知信息来研究和预测未知领域，进而达到了解整个系统的目的，可以消除"黑箱"理论从外部研究事物而使已知信息不能充分发挥作用的弊端，因而，被认为是比"黑箱"理论更为准确的系统研究方法。。

灰色系统理论与概率论、模糊数学一起并称为研究不确定性系统的三种常用方法，具有能够利用"少数据"建模寻求现实规律的良好特性，它的研究对象就是"部分信息已知、部分信息未知"的"贫信息"不确定性系统，它通过对部分信息的生成、开发实现对现实世界地确切描述和认识。

从灰色系统的学术思想看，它的理论不是封闭的，而是开放系统。它一方面注意内涵的研究即注意理论与方法的深化、完善化和提高；另一方面又要注意概念的引申和开拓，并且也使理论和方法相兼容，使外因得到发展。它是软科学与硬科学相结合的交叉学科。

世界上没有绝对的白和绝对的黑，大量的是灰。人们不得不在灰的环境里思考，决策、行动。实际上，无论在政治、经济、还是军事上，各种政策的制定，经济计划、军事行动方案等，都是在部分信息已知部分信息未知的情况下做出的，即在灰色情况下做出的。如何能在灰情况下做出比较符合客观实际的分析，并能制订出准确的决策，是灰色系统理论要研究和解决的问题。简单地说就是使具体系统灰化或使灰系统白化，即将具体情况、信息升华为概念或者将有限的信息做合理的加工处理，以生成更多的信息，使有限的信息尽可能地充分利用，使问题变得更清楚，对过程的认识更全面，使决断更准确。

二、灰数

灰色系统是用灰数、灰色方程、灰色矩阵等来描述的，其中灰数是灰色系统的基本单元，也可以说是灰色系统的细胞。

（一）概念

简单地说，灰数是指只知道大概范围而不知其确切值的数，是信息不完全的数。在应用中，灰数实际上指在某一个区间或某个一般的数集内取值的不确定数。准确来说，灰数不是一个数，而是一组数，是数的集合。通常用记号"$\otimes$"表示灰数。

灰数主要分为以下几类：

一是仅有下界的灰数（下界灰数），记为 $\otimes \in [\underline{a},+\infty)$；

二是仅有上界的灰数（下界灰数），记为 $\otimes \in (-\infty,\bar{a}]$；

三是区间灰数，也就是既有上界又有下界的灰数，记为 $\otimes \in [\underline{a},\bar{a}]$。

现实生活中这种灰数较为常见，如人的身高估测，战斗中弹药、油料消耗以及人员损耗等。

对上述几种灰数，如果灰数 $\otimes$ 上下界均为无穷或上下界都是灰数时，则 $\otimes$ 就成为了黑数，而当 $\otimes \in [\underline{a},\bar{a}]$ 且上下界相等，则 $\otimes$ 成为白数，可以认为，黑数与白数是特殊的灰数。

如果按照灰数在取数域的取值是否连续还可将灰数分为连续灰数和离散灰数，按照能否找到一个白数作为灰数代表值，可以将灰数分为本征灰数和非本征灰数。

对于本征灰数，是指不能或暂时不能找到一个白数作为其"代表"的灰数，比如一般的事前预测值、宇宙的总能量等都是本征灰数。

非本征灰数是指凭先验信息或某种手段，可以找到一个白数作为其代表的灰数。我们称此白数为相应灰数的白化值，记为 $\tilde{\otimes}$，并用 $\otimes(a)$ 表示以 a 为白化值的灰数，如我要买一件 100 元左右的衣服，可将 100 作为预购衣服价格 $\otimes(100)$ 的白化数，记为 $\tilde{\otimes}(100) = 100$。

（二）灰数白化与灰度

非本征灰数可以用一个白化值作为其代表，这就是灰数的白化，但这种白化一般是对于在某个基本值附近变动的灰数才有效，而对于一般的区间灰数，往往不知道其基本值的大小，因此，一般采用等权白化的方法进行白化。

定义 8.1.1 形如 $\tilde{\otimes} = \alpha a + (1-\alpha)b, \alpha \in [0,1]$ 的白化称为等权白化。

定义 8.1.2 在等权白化中，取 $\alpha = 1/2$ 而得到的白化值称为等权均值白化。

等权均值白化往往在区间灰数取值的分布信息缺乏时采用。这是一种中性估计。

但是当灰数的分布信息已知时，就应该采取非等权白化，这样将使灰数的白化值更准确。我们用白化权函数来描述一个灰数对其取值范围内不同数值的"偏爱"程度。

一般说来，一个灰数的白化权函数是研究者根据已知信息设计的，其没有固定的程式。函数曲线的起点和终点一般应有其特定含义。如在装备采购谈判中，甲方要价至少 30 万元，而乙方则出价不高于 35 万，那么成交价这一灰数就在 30~35 之间取值，其白化权函数的起点定为 30 万，而终点可定为 35 万元。如果双方都有一个底线——甲方为 32 万、乙方 34 万，则在[32，34]上的取值就可使双方达到满意。

上述甲方成交价白化权函数可用函数 $f_1(x)$、表示乙方成交价白化权函数可用函数 $f_2(x)$ 表示如图：

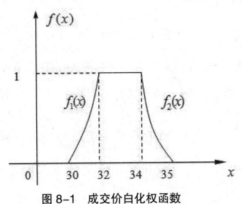

图 8-1　成交价白化权函数

定义 8.1.3　起点、终点确定的左升、右降连续函数称为典型白化权函数。

典型白化权函数一般如图 8-2 所示。

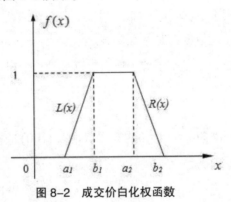

图 8-2　成交价白化权函数

$L(x)$为左增函数，$R(x)$为右降函数，$[b_1, b_2]$为峰区，a_1为起点，a_2为终点，b_1，b_2为转折点。在实际应用中，为了便于编程和计算，$L(x)$、$R(x)$常简化为直线。这样白化权函数则为：

$$f_1(x)=\begin{cases}L(x),x\in[a_1,b_1]\\1,x\in[b_1,b_2]\\R(x),x\in(b_2,a_2)\end{cases}$$

$$f_2(x) = \begin{cases} L(x) = \dfrac{x - x_1}{x_2 - x_1}, x \in [a_1, b_1) \\ 1, x \in [b_1, b_2] \\ R(x) = \dfrac{x_4 - x}{x_4 - x_3}, x \in (b_2, a_2) \end{cases}$$

与普通函数一样，典型白化权函数也具有反函数的性质。

定义 8.1.4 设 f 为典型白化权函数，$Y \in [0,1]$，$f^{-1}(y) = \{x \mid f(x) = y, y \in Y\}$，称 f^{-1} 为 f 的反函数。

定义 8.1.5 对图 8-2 所示的白化权函数,称

$$g^{\circ} = \frac{2|b_1 - b_2|}{b_1 + b_2} + \max\left\{\frac{|a_1 - b_1|}{b_1}, \frac{|a_2 - b_2|}{b_2}\right\}$$

为 $\otimes$ 的灰度。

灰度是指灰数的测度，它在一定程度上反映了人们对灰色系统的行为特征的未知程度。灰度的表达式由两部分组成，其中第一部分代表峰区大小对灰数的影响，第二部分代表 $L(x)$、$R(x)$ 覆盖面积大小对灰度的影响。一般来讲，峰区越大，$L(x)$、$R(x)$ 覆盖面积越大，g° 就越大。

特别地，当 $\max\left\{\dfrac{|a_1 - b_1|}{b_1}, \dfrac{|a_2 - b_2|}{b_2}\right\} = 0$ 时，$g^{\circ} = \dfrac{2|b_1 - b_2|}{b_1 + b_2}$，此时白化权函数为一条水平线；而若 $\dfrac{2|b_1 - b_2|}{b_1 + b_2} = 0$，则灰数 $\otimes$ 为有基本值的实数，其基本值为 $b = b_1 = b_2$。

当同时满足上述两个条件，灰度为 0，此时该灰数变白。

三、序列算子与灰色序列生成

灰色系统理论的主要任务之一，就是根据社会、经济、生态等系统的行为特征数据，寻找因素之间或因素自身的数学关系与变化规律。灰色系统理论认为任何随机过程都是在一定幅值范围内和一定时区变化的灰色量，并把随机过程看成灰色的过程。

在研究系统的行为特征时，得到的数据往往是一串确定的白数，我们把它看成某个随机过程的一条轨道或现实，或是看成灰色过程的白化值，这并没有本质的区别。如何通过系统行为特征数据研究其发展规律，不同的方法思路也不一样。

其中，随机过程是以先验概率为出发点，研究数据的统计规律。这种方法建立在大量数据的基础之上。但是不是有了大量数据就能找出统计规律呢？也不一定，因为概率论或随机过程中研究的典型分布是十分有限的，对于非典型的分布过程（如平稳过程，高斯过程、马尔可夫过程或白噪声过程等以外的分布过程），往往难以处理。

灰色系统则是通过对原始数据的整理来寻求其变化规律的，这是一种就数据找数据的现实规律的途径，我们称之为灰色序列生成。灰色系统理论认为，尽管客观世界表象复杂，数据零乱，但它总是有整体功能的，因此也必然蕴含着某种内在规律。关键在于如何选择适当的方式去挖掘它和利用它。而一切灰色序列都能通过某种生成弱化其随机性，显现其规律性。因此，也可以说，灰色系统理论是通过灰色生成实现对灰色系统的整体规律把握的。

例如：对于原始数据数列 $X(0)=$（1，2，1.5，3）。我们看不出其中有什么规律，将该数列作图，如图 8-3（a）：

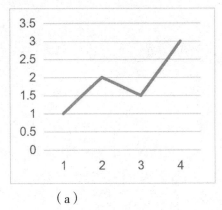
（a）

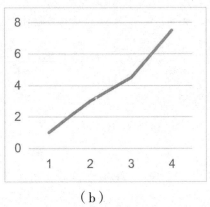
（b）

图 8-3

而对其做一次累加生成，得到新数列 X(1)=（1,3,4.5,7.5），并作图，则从图 8-3(b)可以看出，X(1)已呈现出明显的增长规律性。

其实，对同一个灰色系统来说，其整体功能都应该是相同的，那么其表现出来的也应该是有规律的，但为什么有的系统原始数据表现出来很杂乱无章呢？这是因为，灰色系统在运行过程中，受到各种各样的干扰，这必然导致表现数据的失真。因此，在这种情况下，系统的行为数据已经不能正确地反映系统的真实变化规律。如果再运用该数据对系统的未来发展进行预测的话，就会得出错误的结果。我们对原始数据进行生成的目的就是要通过某种处理，最大限度地消除原始数据中存在的"冲击波"干扰，还数据以本来面目。其中，作用于原始数据的某种方式我们称之为算子。

（一）序列算子

定义 8.1.6 设系统行为数据序列为 $X = (x(1), x(2), \cdots, x(n))$，若

(1) $\forall k = 2,3,\cdots,n, x(k) - x(k-1) > 0$，则称 X 为单调增长序列；

(2) (1)中不等号反过来成立，则称 X 为单调衰减序列；

(3)存在 $k, k' \in \{2,3,\cdots,n\}$，有

$$x(k) - x(k-1) > 0, \quad x(k') - x(k'-1) < 0$$

则称 X 为随机振荡序列。设

$$M = \max\{x(k) \mid k = 1,2,\cdots,n\}, m = \min\{x(k) \mid k = 1,2,\cdots,n\}$$

称 $M{-}m$ 为序列 X 的振幅。

定义 8.1.7 设 X 为系统行为数据序列，D 为作用于 X 的算子，X 经过 D 作用后所得序列记为

$$XD = (x(1)d, x(2)d, \cdots, x(n)d)$$

称 D 为序列算子，称 XD 为一阶算子作用序列。

序列算子可以进行多次作用，若 D1、D2、D3 均为序列算子，那么 $D1$、$D2$ 就是经过两次作用的算子，称为二阶算子，$XD1$、$D2$ 则称为二阶算子作用序列。同理，$D1$、$D2$、$D3$ 为三阶序列算子，并称 $XD1$、$D2$、$D3$ 为三阶算子作用序列，等等。

公理 8.1.1(不动点公理) 设 X 为系统行为数据序列，D 为序列算子，则 D 满足

$$x(n)d=x(n)$$

不动点公理限定在序列算子作用下，系统行为数据序列中的数据 x(n)保持不变，即运用序列算子对系统行为数据进行调整，不改变 x(n)这一既成事实。也就是说，最后一个数据是不变的。

公理 8.1.2(信息充分利用公理) 系统行为数据序列 X 中的每一个数据都应充分地参与算子作用的全过程。

公理 8.1.3(解析化规范化公理) 任意的 x(k)d 皆可由一个统一的 $x(1), x(2), \cdots, x(n)$ 的初等表达式表达。

定义 8.1.8 上述三个公理称为缓冲算子三公理，而满足缓冲算子三公理的序列算子称为缓冲算子。一阶、二阶、三阶、n 阶缓冲算子作用序列也就称为一阶、二阶、三阶、n 阶缓冲序列。

（二）实用缓冲算子的构造

某县乡镇企业产值数据（1983–1986 年）为 X=（10,155，12,588，23,480，35,388）

（二）实用缓冲算子的构造

河南省长葛县乡镇企业产值数据（1983–1986 年）为 X=（10,155，12,588，23,480，35,388）

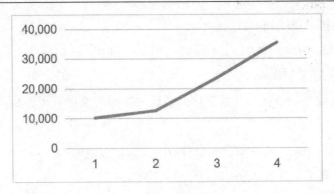

图 8-4

由图 8-4 可以看出，其增长势头很猛，与正常增长速度不太相合，而由上图还能分析得出，前两年的增长速度与后来的增长速度相比之下低很多，这也许就是造成后来增长速度高的原因。为此，我们需要弱化序列增长速度，那么就引入了二阶弱化算子

$$x(k)d^2 = \frac{1}{n-k+1}[x(k)d + x(k+1)d + \cdots + x(k)d];$$

得

$$x(1)d = \frac{1}{4-1+1} \times [x(1) + x(2) + x(3) + x(4)] =$$
$$\frac{1}{4} \times [10155 + 12588 + 23480 + 35388] = 20403$$

$$x(2)d = \frac{1}{4-2+1} \times [x(2) + x(3) + x(4)] =$$
$$\frac{1}{3} \times [12588 + 23480 + 35388] = 23819$$

$$x(3)d = \frac{1}{4-3+1} \times [x(3) + x(4)] =$$
$$\frac{1}{2} \times [23480 + 35388] = 29434$$

$$x(4)d = \frac{1}{4-4+1} \times [x(4)] = \frac{1}{1} \times [35388] = 35388 。$$

而

$$x(1)d^2 = \frac{1}{4-1+1} \times [x(1)d + x(2)d + x(3)d + x(4)d] =$$
$$\frac{1}{4} \times [20403 + 23819 + 29434 + 35388] = 27261$$

$$x(2)d^2 = \frac{1}{4-2+1} \times [x(2)d + x(3)d + x(4)d]$$
$$= \frac{1}{3} \times [23819 + 29434 + 35388] = 29547$$

$$x(3)d^2 = \frac{1}{4-3+1} \times [x(3)d + x(4)d]$$

$$= \frac{1}{2} \times [29434 + 35388] = 32411$$

$$x(4)d^2 = \frac{1}{4-4+1} \times [x(4)d] = 1 \times [35388] = 35388 \quad 。$$

得到二阶缓冲序列 XD2=(27,260，29,547，32,411，35,388)。作图可得

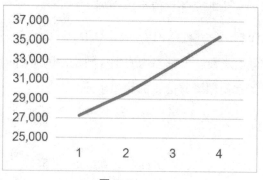

图 8-5

由图 8-5 可以看出，二阶缓冲序列的增长速度明显缓和，用该序列进行数据建模，会取得更好的效果。

（三）灰色序列生成

灰色系统的生成方式主要有均值生成、级比生成、累加生成、累减生成等。

1. 均值生成

均值生成是以现有信息构造数据列的某一缺项。在搜集数据时，常常由于一些不易克服的困难导致数据序列出现空缺（也称空穴），也有的数据序列虽然完整，但由于系统行为在某个时点上发生突变而形成异常数据，为了正常研究，我们将异常数据剔除，但这又留下了空穴。比如，对于一个数据列 X=（1，3，89，5，8）来说，89 就可能是一个异常数据，而如果将其剔除，那么这一时点上的数据就出现了空缺。我们要进行正常的数据处理研究，首先就要有效地进行空穴填补处理。

均值生成是常用的构造新数据、填补老序列空穴、生成新序列的方法。

定义 8.1.9 设序列 X 在 K 处有空穴，记为 $\phi(k)$，即

$$X = (x(1), x(2), \cdots, x(k-1), \phi(k), x(k+1), \cdots, x(n))$$

则称 $x(k-1)$ 与 $x(k+1)$ 为 $\phi(k)$ 的界值，$x(k-1)$ 为前界，$x(k+1)$ 为后界，当 $\phi(k)$ 由其前界与后界生成时，称 $x(k)$ 为其内点。

定义 8.1.10 设 $x(k)$ 和 $x(k-1)$ 为序列 X 中的一对紧邻值，若有

$x(k-1)$ 为老信息，$x(k)$ 为新信息；

$$x^*(k) = \alpha x(k) + (1-\alpha)x(k-1), \alpha \in [0,1] \quad 。$$

则称 $x^*(k)$ 为由新信息和老信息在生成系数(权) α 下的生成值，当 $\alpha > 0.5$ 时，称 $x^*(k)$ 的生成是"重新信息、轻老信息"生成；当 $\alpha < 0.5$ 时，称 $x^*(k)$ 的生成是"重老信息、轻新信息"生成；而当 $\alpha = 0.5$ 时，称 $x^*(k)$ 的生成是非偏生成；

定义 8.1.11 设序列 $X = (x(1), x(2), \cdots, x(k-1), \phi(k), x(k+1), \cdots, x(n))$ 为在 K 处有空穴的序列，而 $x^*(k) = 0.5x(k) + 0.5x(k-1)$ 为非紧邻均值生成数，用非紧邻均值生成数填补空穴所得的序列称为非紧邻均值生成序列。

定义 8.1.12 设序列 $X = (x(1), x(2), \cdots, x(n))$，若 $x^*(k) = 0.5x(k) + 0.5x(k-1)$，则称 $x^*(k)$ 为紧邻均值生成数。由紧邻均值生成数构成的序列称为紧邻均值生成序列。

在 GM 建模中，经常使用紧邻信息的均值生成。

例：原始数列 X=(1，3，5，6，9)，对其进行紧邻均值生成，可得到一个 4 元新序列 X(1)

$$X(1)=(2，4，5.5，7.5)$$

事实上，由 $X = (x(1), x(2), \cdots, x(n))$ 得到的紧邻均值生成序列 Z 为 $n-1$ 元序列：

$$Z = (z(2), z(3), \cdots, z(n)),$$

我们无法由 X 生成 $z(1)$，因为 $z(1) = 0.5x(1) + 0.5x(0)$，但 $x(0) = \phi(0)$ 为空穴，所以要想由 X 进行紧邻均值生成 $z(1)$ 是困难的。

2. 级比生成与光滑比生成

当序列的起点 x（1）和终点 x（n）为空穴，即 x（1）$= \phi(1)$，x（n）$= \phi(n)$ 时，就无法用均值生成填补空缺，而只有转而考虑其他的方法。级比生成与光滑比生成就是常用的填补序列端点空穴的方法。

定义 8.1.13 设序列 $X = (x(1), x(2), \cdots, x(n))$，称

$$\sigma(k) = \frac{x(k)}{x(k-1)}；\quad k = 2,3,\cdots,n$$

为序列的级比；称

$$\rho(k) = \frac{x(k)}{\sum_{i=1}^{k-1} x(i)}；\quad k = 2,3,\cdots,n$$

为序列的光滑比。

定义 8.1.14 设 X 为端点是空穴的序列：

若用 $\phi(1)$ 右邻的级比(光滑比)生成 X(1)，用 $\phi(n)$ 左邻的级比(光滑比)生成 X(N)；按级比生成(或光滑比生成)填补空穴所得的序列称为级比生成(或光滑比生成)序列。

例：设序列 X=($\phi(1)$，2.874，3.2478，3.337，3.390，3.6379，$\phi(7)$)，两个端点处有空穴。运用级比生成和光滑比生成来求出它们的值，也就是生成 $\phi(1)$ 和 $\phi(7)$ 的值。

（1）级比生成

对于 X，当 k=1，2，3，4，5，6，7 时，其级比分别表示为：

$$\sigma(2) = \frac{x(2)}{x(1)} = 2.874/\phi(1)$$

$$\sigma(3) = \frac{x(3)}{x(2)} = 3.2478/2.874$$

同理

$$\sigma(4) = \frac{x(4)}{x(3)} = 1.017$$

$$\sigma(5) = 1.015$$

$$\sigma(6) = 1.085$$

$$\sigma(7) = \frac{x(7)}{x(6)} = \frac{\phi(7)}{x(6)}$$

可以看出：

$\phi(1) = \frac{x(2)}{\sigma(2)}$，$\phi(7) = x(6)\sigma(7)$，但 $\sigma(2)$ 和 $\sigma(7)$ 值并不知道，因此，我们取 $\sigma(2) = \sigma(3)$，$\sigma(7) = \sigma(6)$。

于是得出：

$$\phi(1) = \frac{x(2)}{\sigma(3)}$$

$$\phi(7) = x(6)\sigma(6)$$

从而得出命题：

对序列 $X = (\phi(1), x(2), \cdots, x(n-1), \phi(n))$，按级比生成时，

$$x(1) = \frac{x(2)}{\sigma(3)} \; ; \quad x(n) = x(n-1)\sigma(n-1)$$

（2）光滑比生成

按同样的思路，对上述序列 X 的端点空穴进行光滑比生成，并推导出命题：

按光滑比生成时，有

$$x(1) = \frac{x^2(2)}{x(3) - x(2)}, \quad x(n) = x(n-1)(1 + \rho(n-1))$$

（3）累加生成与累减生成

累加生成是使灰色过程由灰变白的一种方法，它在灰色系统理论中占有重要的地位，通过累加可以看出灰量积累过程的发展态势，使离乱的原始数据中蕴含的积分特性或规律充分地显露出来，它本质上是从更大的时间单位上对系统的规律性进行研究。

累减生成是在获取增量信息时常用的生成，累减生成对累加生成起还原作用。它与累加生成是一对互逆的序列算子。

这两种生成方式理论基础很简单，举例子进行说明。

某市自行车销售量数据序列如下：

$$X^{(0)} = \{x^{(0)}(k)\}_1^6 = (50810，46110，51177，93775，110574，110524)$$

由累加生成公式：

$$x^1(k) = \sum_{i=1}^{k} x^0(i)$$

其一次累加生成序列

$$x^{(1)}(1) = x^{(0)}(1) = 50810;$$

$$x^{(1)}(2) = x^{(0)}(1) + x^{(0)}(2) = 50810+46110=96920;$$

$$x^{(1)}(3) = x^{(0)}(1) + x^{(0)}(2) + x^{(0)}(3) = 50810+46110+51177=148097;$$

最终得

$$X^{(1)} = (50810，96920，148097，241872，352446，462970)。$$

下面我们对这两种序列进行研究。

对于原始序列和一次累加生成序列，先将它们的图形做出如图 8-6：

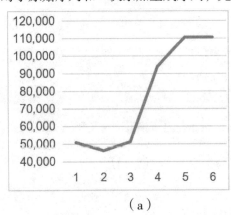（a）
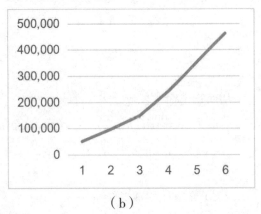（b）

图 8-6

由上面的图形可以算出，原始序列图形并不规则，我们很难找到一条合适的曲线来逼近，而累加生成的图形曲线则已经十分接近指数增长曲线，可以用指数函数进行拟合。因此，进行一次累加生成的新序列，具有指数增长规律性。这在灰色系统理论中称为灰指数律。它是进行灰色建模的很重要的基础。

定义 8.1.15　设序列 $X = (x(1), x(2), \cdots, x(n))$，若

(1) $\forall k, \sigma(k) \in (0,1]$，则称序列 X 具有负的灰指数规律；

(2) $\forall k, \sigma(k) \in (1,b]$，则称序列 X 具有正的灰指数规律；

(3) $\forall k, \sigma(k) \in [a,b], b-a=\delta$，则称序列 X 具有绝对灰度为 δ 的灰指数规律；

(4) $\delta <0.5$ 时，称 X 具有准指数规律。

定理 8.1.1　设 X(0) 为非负准光滑序列，则 X(0) 的一次累加生成序列 X(1) 具有准指数规律。

该定理是灰色系统建模的理论基础，事实上，由于经济系统、生态系统、农业系统等均可视为广义的能量系统，而能量的积存与释放一般具有指数规律。因此，灰色系统理论的指数模型具有十分广泛的适应性。

四、灰色微分方程

灰色系统理论认为微分方程能较准确地反映事件的客观规律，即对于时间为 t 的状态变量，通过方程就能够基本反映事件的变化规律。因此，灰色系统理论通过对一般微分方程的深刻剖析定义了序列的灰导数，从而使我们能够利用离散数据序列建立近似的微分方程模型。

首先看几个定义：

定义 8.1.16　设 x(t) 为定义在时间集 t 上的函数，$\Delta t \rightarrow 0$ 时，恒有 $x(t+\Delta t)-x(t) \neq 0$，则称 x(t) 在 t 上的信息浓度为无穷大。

定义 8.1.17　设 a，b 为集合，r 为 a 与 b 元素之间的一种运算，$\forall a_1,a_2 \in A, \forall b \in B$，如果

$$a_1 Rb = a_2 Rb$$

则称 b 对 a_1，a_2 为平射。

特别地，如果 R 为绝对差运算，即 $aRb =|a-b|$，那么，当 $a_1 Rb = a_2 Rb$ 时，称 R 为算术平射或简单平射。

那么，我们设

$\dfrac{dx}{dt} + ax = b$，（此式由三部分组成：一是导数 $\dfrac{dx}{dt}$，二是该导数的背景值 X，其中 x（t）、x（t+△t）是该背景值集中的两个元素，三是参数 a，b。）

容易验证，当 $\dfrac{dx}{dt} Rx(t+\Delta t) = \dfrac{dx}{dt} Rx(t)$ 时，导数与其背景值元素满足简单平射关系。

$$\left(\frac{dx}{dt} + ax(t+\Delta t) = \frac{dx}{dt} + ax(t) = b\right)$$

同时，由导数定义，$\dfrac{dx}{dt} = \lim\limits_{\Delta t \to 0} \dfrac{x(t+\Delta t)-x(t)}{\Delta t}$ 容易算出，方程 $\dfrac{dx}{dt} + ax = b$ 也满足 x（t）信息无限大的条件。

因此，由构成微分方程的三个条件：

（1）信息浓度无限；

（2）背景值为灰；

（3）背景值与导数满足简单平射关系。

可以知道，方程 $\dfrac{dx}{dt}+ax=b$ 即为微分方程。

然而，在灰色建模中，由于数据列的离散性，以及信息时区内出现空集（不包含信息的时区），因此，只能按近似的微分方程条件，建立近似的、不完全确定的微分方程，称为灰微分方程。

为此，首先定义灰导数：

定义8.1.18　定义 i 为计时单位的集合，1_i，1_j 分别为 i 级和 j 级计时单位下的一个时间单位，$X=(x_i(1_i),x_i(2_i),\cdots,x_i(n_i))$ 为 i 级计时单位时间序列，$d^{(i)}=x(k_i)-x(k_i-1_i)$ 为 i 级计时单位下的信息增量，若当 $d^{(i)}(k_i)=x(k_i)-x(k_i-1_i)\neq 0$，则称 X 为具有微分方程内涵的序列，或称灰色微分序列，并称 $d^{(i)}(k_i)=\lim(x(k_i)-x(k_i-1_i))$ 为序列 X 的灰导数。一般序列的灰导数记为 d(k)。

对于经 1-AGO 生成的一次累加生成序列 X(1)，由于 $d(k)=x^{(1)}(k)-x^{(1)}(k-1)=x^0(k)$ 因此，X(1)的灰导数为 $d(k)=x^0(k)$，我们设这种条件下的灰色方程为 $x^0(k)+ax^1(k)=b$，也称为灰色微分型方程。

但是，对于灰色微分型方程 $x^0(k)+ax^1(k)=b$，灰导数 $x^0(k)$ 与背景值 $\{x^{(1)}(k),x^{(1)}(k-1)\}$ 中元素并不满足平射关系，我们可以通过对背景值的变换得到满足微分方程条件的灰色微分方程。

下面，我们对上述背景值 $\{x^{(1)}(k),x^{(1)}(k-1)\}$ 进行紧临均值生成，即令 $z^{(1)}(k)=0.5x^{(1)}(k)+0.5x^{(1)}(k-1)$，这样，背景值 $z^{(1)}(k)$ 与灰导数成分 $\{x^{(1)}(k),x^{(1)}(k-1)\}$ 就建立了平射关系。

那么，方程 $x^0(k)+az^1(k)=b$ 为灰色微分方程，该方程即为灰色建模中常用的 GM（1,1）模型。

五、GM（1，1）模型

定义8.1.19　称 $x^0(k)+az^1(k)=b$ 为 GM(1,1)模型。

其中，$x^0(k)$ 为非负序列，$x^0(k)\geq 0$，$k=1,2,\cdots,n$；

若 $X^{(1)}$ 为 $X^{(0)}$ 的 1-AGO 序列，

$Z^{(1)}$ 为 $X^{(1)}$ 的紧邻均值生成序列：

$$z^{(1)}(k) = 0.5x^{(1)}(k) + 0.5x^{(1)}(k-1) \; ; \quad k = 2,3,\cdots,n$$

$\hat{a} = (a,b)^T$ 为参数列

那么，对于已知序列 X^0 来说，建立上述 GM(1,1)模型只需要确定参数 $\hat{a} = (a,b)^T$。为此，我们设数据矩阵

$$Y = \begin{bmatrix} x^{(0)}(2) \\ x^{(0)}(3) \\ \vdots \\ x^{(0)}(n) \end{bmatrix}, \quad \begin{bmatrix} -z^{(1)}(2) & 1 \\ -z^{(1)}(3) & 1 \\ \vdots & \vdots \\ -z^{(1)}(n) & 1 \end{bmatrix}$$

则参数列的最小二乘估计值为：

$$\hat{a} = (B^T B)^{-1} B^T Y$$

灰色系统理论将 $\dfrac{dx^{(1)}}{dt} + ax^{(1)} = b$ 定义为灰色微分方程的白化方程，也称为影子方程。这样便有定理 8.1.2。

定理 8.1.2　对于上述 B，Y，$\hat{a}$，则：

（1）白化方程 $\dfrac{dx^{(1)}}{dt} + ax^{(1)} = b$ 的解也称时间响应函数为

$$x^{(1)}(t) = \left(x^{(1)}(0) - \frac{b}{a} \right) e^{-at} + \frac{b}{a}$$

（2）GM(1,1)灰色微分方程 $x^0(k) + az^1(k) = b$ 的时间响应序列为

$$\hat{x}^{(1)}(k) = \left(x^{(1)}(0) - \frac{b}{a} \right) e^{-ak} + \frac{b}{a} \;, \quad k = 1,2,\cdots,n$$

（3）取 $x^{(1)}(0) = x^{(0)}(1)$，则

$$\hat{x}^{(1)}(k) = \left(x^{(0)}(1) - \frac{b}{a} \right) e^{-ak} + \frac{b}{a}, \quad k = 1,2,\cdots,n$$

（4）还原值（累减还原）

$$\hat{x}^{(0)}(k+1) = \alpha^{(1)}\hat{x}^{(1)}(k+1) = \hat{x}^{(1)}(k+1) - \hat{x}^{(1)}(k) \; ; \quad k = 1,2,\cdots,n$$

在 GM(1,1)模型中，$-a$ 为发展系数，反映了 $\hat{X}^{(1)}$ 和 $\hat{X}^{(0)}$ 的发展态势。而 b 为灰色作用量，它的存在是区别灰色建模与一般输入输出建模的分水岭，同时也是区分灰色系统与灰箱观点的重要标志。

六、残差 GM（1，1）模型

当 GM(1,1)模型的精度不符合要求时，可用残差序列建立 GM(1,1)模型对原来的模型进行修正，以提高精度。

当用残差修正原 GM 模型时，可以对原始数据与其模拟数据的残差建立残差修正模型，也可以对 1–AGO 数据序列与其模拟数据的残差建立修正模型。一般情况下，为了减少误差，我们采用后一种方式建立残差修正模型。

（一）对 X(1)进行残差修正

运用残差建模，首先应判断残差序列是否满足建模条件。

定义 8.1.20　设 $\varepsilon^{(0)} = (\varepsilon^{(0)}(1), \varepsilon^{(0)}(2), \cdots, \varepsilon^{(0)}(n))$，其中 $\varepsilon^{(0)}(k) = x^{(1)}(k) - \hat{x}^{(1)}(k)$ 为 X(1)的残差序列，若存在 k_0，满足

（1）$\forall k \geq k_0$ 时，$\varepsilon^{(0)}(k)$ 的符号是一致的；

（2）$n - k_0 \geq 4$，则称

$$(|\varepsilon^{(0)}(k_0)|, |\varepsilon^{(0)}(k_0 + 1)|, \cdots, |\varepsilon^{(0)}(n)|)$$

为可建模残差尾段，仍记为

$$\varepsilon^{(0)} = (\varepsilon^{(0)}(k_0), \varepsilon^{(0)}(k_0 + 1), \cdots, \varepsilon^{(0)}(n))$$

对于上述可建模残差尾段，可以得到其 1–AGO 序列

$\varepsilon^{(1)} = (\varepsilon^{(1)}(k_0), \varepsilon^{(1)}(k_0 + 1), \cdots, \varepsilon^{(1)}(n))$ 的 GM（1，1）时间响应式为

$$\hat{\varepsilon}^{(1)}(k+1) = \left(\varepsilon^{(0)}(k_0) - \frac{b_\varepsilon}{a_\varepsilon}\right)e^{-a_\varepsilon(k-k_0)} + \frac{b_\varepsilon}{a_\varepsilon}, k \geq k_0$$

则残差尾段 $\varepsilon^{(0)}$ 的模拟序列为

$$\hat{\varepsilon}^{(0)} = (\hat{\varepsilon}^{(0)}(k_0), \hat{\varepsilon}^{(0)}(k_0 + 1), \cdots, \hat{\varepsilon}^{(0)}(n))$$

其中

$$\hat{\varepsilon}^{(0)}(k+1) = (-a_\varepsilon)\left(\varepsilon^{(0)}(k_0) - \frac{b_\varepsilon}{a_\varepsilon}\right)\exp[-a_\varepsilon(k-k_0)] + \frac{b_\varepsilon}{a_\varepsilon}, k \geq k_0$$

这是 $\varepsilon^{(1)}$ 的导数还原值。

那么，我们就可以运用 $\hat{\varepsilon}^{(0)}$ 修正 X(1)，修正后的时间响应式为：

$$\hat{x}^{(1)}(k+1) = \begin{cases} \left(x^{(0)}(1) - \dfrac{b}{a}\right)\exp(-ak) + \dfrac{b}{a}, k < k_0 \\ \left(x^{(0)}(1) - \dfrac{b}{a}\right)\exp(-ak) + \dfrac{b}{a} \pm a_\varepsilon\left(\varepsilon^{(0)}(k_0) - \dfrac{b_\varepsilon}{a_\varepsilon}\right)\exp[-a_\varepsilon(k-k_0)] + \dfrac{b_\varepsilon}{a_\varepsilon}, k \geq k_0 \end{cases}$$

该模型就是残差修正 GM(1,1)模型。其中残差修正值

$$\hat{\varepsilon}^{(0)}(k+1) = a_\varepsilon \left(\varepsilon^{(0)}(k_0) - \frac{b_\varepsilon}{a_\varepsilon} \right) \exp[-a_\varepsilon(k-k_0)] + \frac{b_\varepsilon}{a_\varepsilon}, k \geq k_0$$

的符号应与残差尾段 $\varepsilon^{(0)}$ 的符号保持一致。

（二）对 X(0)进行残差建模

根据由 $\hat{X}^{(1)}$ 到 $\hat{X}^{(0)}$ 的不同还原方式，可得到不同的残差修正时间响应式。

1.若 $\hat{x}^{(0)}(k) = \hat{x}^{(1)}(k) - \hat{x}^{(1)}(k-1) = (1-e^a)\left(x^0(1) - \frac{b}{a} \right)e^{-a(k-1)}$，即累减还原，则相应的残差修正时间响应式

$$\hat{x}^{(0)}(k+1) = \begin{cases} (1-e^a)\left(x^{(0)}(1) - \dfrac{b}{a} \right)e^{-ak}, k < k_0 \\ (1-e^a)\left(x^{(0)}(1) - \dfrac{b}{a} \right)e^{-ak} \pm a_\varepsilon\left(\varepsilon^{(0)}(k_0) - \dfrac{b_\varepsilon}{a_\varepsilon} \right)e^{-a_\varepsilon(k-k_0)}, k \geq k_0 \end{cases}$$

称为累减还原式的残差修正模型。

2.若 $\hat{x}^{(0)}(k) = (-a)\left(x^0(1) - \frac{b}{a} \right)e^{-ak}$，即导数还原，则相应的残差修正时间响应式

$$\hat{x}^{(0)}(k+1) = \begin{cases} (-a)\left(x^0(1) - \dfrac{b}{a} \right)e^{-ak}, k < k_0 \\ (-a)\left(x^0(1) - \dfrac{b}{a} \right)e^{-ak} \pm a_\varepsilon\left(\varepsilon^{(0)}(k_0) - \dfrac{b_\varepsilon}{a_\varepsilon} \right)e^{-a_\varepsilon(k-k_0)}, k \geq k_0 \end{cases}$$

称为导数还原式的残差修正模型。

七、模型检验

衡量模型的精度，主要是对检验误差进行一些统计分析，找出最大误差、平均误差、最大相对误差、平均相对误差等，同时看是否满足要求或超过允许误差范围。

所建模型精度如何，通常可用以下方法进行检验；

1.回代检验，求出相对误差；

2.关联度检验，求出原始数列与拟合数列的关联度；

3.后验差检验，求出原始数列方差与残差数列方差之比，计算小误差概率。

第二节 灰色系统建模特点和适用范围

一、灰色系统建模的特点

从数学的发展来看，人们最早研究的是确定型、微分方程。它认为只要有了描写事物的微分方程和初值，就能确定该事物任何时刻的运动。后来，人们又开始研究事物的第一

种不确定性——随机性，到 21 世纪初已形成了比较完整的数学科学，即统计数学，它包括概率论、数理统计和随机过程理论，用随机变量和随机过程来研究事物的状态和运动。模糊数学是研究没有清晰界限的事物，并通过隶属函数来使模糊概念量化。而灰色系统理论则认为不确定量是灰数，可用灰色数学来处理。灰色系统具有以下三个特点：

①用灰色数学来处理不确定量；②充分利用已知信息寻求系统的运动规律；③灰色系统理论能处理少数据的贫信息系统。

因而，灰色系统建模的任务是少数据建模，目标是微分方程模型，要求是动态信息的开发、利用和加工。一般来说，微分方程只适合连续可导函数，而本征灰系统的行为特征是用时间序列表征的，是一种离散函数。为建立微分方程模型，灰色系统理论通过关联分析，提取建模所需变量，并在对离散函数的性质进行研究的基础上，最终实现对离散数据建立微分方程的动态棋型，即灰色模型。在建立模型的过程中，灰色系统理论充分开发并利用了少数据中的显信息和隐信息。从经验上来说，对系统的探测是通过在一定时间周期内对某个变量的观测进行的。灰色系统理论认为，时间序列包含着极为丰富的信息，它蕴藏着参与系统动态过程的全部其他变量的痕迹。灰色模型是灰色系统理论的核心，是灰色预测、决策、控制的基础。

二、灰色系统建模的适用范围

将灰色建模方法引入评估理论研究中，能够更好地描述和处理不确定性因素，在边界条件不清晰和部分信息未知的条件下，较为客观准确地描述系统过程。

在系统分析研究中，根据已知的部分信息，用灰色数学处理不确定量，并且量化分析，关键是如何使灰色系统白化、模型化和优化。应用灰色建模理论分析方法，将系统的不确定量视为灰色量，运用时间序列数据来确定微分方程的参量。在进行灰色预测时，将观测数据序列视为随时间变化的灰色量或灰色过程，通过累加生成和相减生成逐步使灰色量白化，从而建立相应于微分方程解的模型并做出预测。这样，对于灰色系统中的系统因素发展等就能做出较准确的预测，且这种预测是放在大系统下进行的。另一方面，由于灰色预测模型只要求较短的观测资料即可建立，这和时间序列分析、多元分析等概率统计模型要求较长资料很不一样。因而，对于只有少量观测数据的项目（如气象预报、目标威胁度判断、飞机企图等）来讲，灰色建模预测是一个有用的工具。

第三节 灰色系统建模方法应用案例

一般来说，灰色系统理论预测是一种长期的预测模型，有的利用灰色系统理论预测了直升飞机的航迹并取得了明显的效果，这说明灰色系统理论也可以用于短时的数据预测。在各种系统中，存在着许多数据预测问题，如下一场战争的爆发时间、未来我军的国防费用预算等，并且数据满足指数能量变化规律。因此，可以运用灰色系统理论 GM 模型进行相关数据的发展预测。

从上述分析可以看出，灰色 GM 预测的实施步骤可以分为：

第一步，整理原始数据，得到原始数据数列 X(0)；

第二步，对原始数据进行累加生成，弱化其随机性，增加其规律性，得到新数列 X(1)；

第三步，GM 建模；该步骤主要由以下几个方面构成：①确定数据矩阵 B, Y_N；②计算参数 A；③得到 GM 模型。

第四步，求出累加数据的模拟值；

第五步，还原出原始数据的模拟值；

第六步，进行残差检验；如果通过则转入第八步，否则转入第七步。

第七步，残差修正；

第八步，通过检验，进行预测。

应用案例：国防费用开支预测。

这里利用灰色 GM 模型对国防费用开支预测问题进行研究分析。灰色预测一般不需要大量的时间数据和空间数据，而是根据实际情况选择适量的数据,进行累加生成、建模和预测。适量，就说明参与建模的已知数据并不是越少越好，也不是越多越好。并且，灰色理论中有一个重要公理，就是新信息优先原理，它认为"信息是认知的根据，新信息对认知的作用大于老信息"。为了验证上述说法的正确性，运用 GM（1，1）进行国防经费预测时分三种情况进行分析。即：①全数据建模；②部分数据建模；③新陈代谢数据建模。

这里有 1998 年至 2004 年的国防白皮书公布的数据：

1998 年、1999 年和 2000 年，中国年度国防费分别为 934.7 亿元、1076.7 亿元和 1212.9 亿元人民币。2000 年、2001 年中国年度国防费分别为 1207.54 亿元人民币、1442.04 亿元人民币，2002 年、2003 年中国年度国防费分别为 1707.78、1907.87 亿元人民币，2004 年中国年度国防费预算为 2117.01 亿元人民币。对这些数据，我们可以运用 GM（1，1）模型进行建模，并以此预测 2 年后的国防经费开支。

（一）全数据建模

先将上述数据整理成表格：

表 8-1　国防费支出

年份	1998	1999	2000	2001	2002	2003	2004
国防费	934.7	1076.7	1212.9	1442.04	1694.44	1907.87	2117.01

取 1998 年以来的这些数据，建立灰色 GM（1，1）模型。这里为了直接反映预测结果的正确性，不使用最后一个数据，即 2004 年的数据，而将其作为未知数据，作为待测信息。也就是说，我们利用 1998-2003 年以来的 6 个数据建立 GM（1，1）模型，并以此预测 2004 年的数据。再将 2004 年的预测数据与原始的真实数据进行比较，从而验证预测模型的准确性。

第一步，以 1998 年为起点，由上表可得原始数据序列：

$X^0 = (x^0(1), x^0(2), x^0(3), x^0(4), x^0(5), x^0(6)) = （934.7，1076.7，1212.9，1442.04，1694.44，1907.87）$。

第二步，对原始数据做 1-AGO 生成

$$X^{(1)}(k) = \sum_{i=1}^{k} X^{(0)}(i), k = 1,2,\cdots,n$$

按上式，得生成数列如下：

$$X^{(1)} = (\ 934.7，\ 2011.4,3224.3,4666.34,6360.78,8268.65,\ 10385.66\ )$$

第三步，进行 GM 建模。

（1）先确定数据矩阵 Y_n，B

$$Y_n = \begin{bmatrix} X^0(2) \\ X^0(3) \\ X^0(4) \\ X^0(5) \\ X^0(6) \end{bmatrix} = \begin{bmatrix} 1076.7 \\ 1212.9 \\ 1442.04 \\ 1694.44 \\ 1907.87 \end{bmatrix},$$

$$B = \begin{bmatrix} -\frac{1}{2}(X^1(1)+X^1(2)) & 1 \\ -\frac{1}{2}(X^1(2)+X^1(3)) & 1 \\ -\frac{1}{2}(X^1(3)+X^1(4)) & 1 \\ -\frac{1}{2}(X^1(4)+X^1(5)) & 1 \\ -\frac{1}{2}(X^1(5)+X^1(6)) & 1 \end{bmatrix} = \begin{bmatrix} -\frac{1}{2}(934.7+2011.4) & 1 \\ -\frac{1}{2}(2011.4+3224.3) & 1 \\ -\frac{1}{2}(3224.3+4666.34) & 1 \\ -\frac{1}{2}(4666.34+6360.78) & 1 \\ -\frac{1}{2}(6360.78+8268.65) & 1 \end{bmatrix} = \begin{bmatrix} -1473.05 & 1 \\ -2617.85 & 1 \\ -3945.32 & 1 \\ -5513.56 & 1 \\ -7314.815 & 1 \end{bmatrix}$$

（2）计算 $\hat{A} = \begin{bmatrix} \hat{a} \\ \hat{u} \end{bmatrix} = (B^T B)^{-1} B^T Y_n = \begin{bmatrix} -0.1458 \\ 854.398 \end{bmatrix}$

（3）确定模型

由确定的待定参数，代入原方程可得

$$\frac{dX^1}{dt} - 0.1458 X^1 = 854.398$$

由式（2），

$$X^1(k+1) = [X^0(1) - \frac{\hat{u}}{\hat{a}}]e^{-\hat{a}k} + \frac{\hat{u}}{\hat{a}} = (934.5 - \frac{854.398}{-0.1458})e^{-(-0.1458)k} + \frac{854.398}{-0.1458}$$

$$= 67946 e^{0.1458k} - 5860.1$$

第四步，求 X(1)的模拟值

$$\hat{X}^{(1)} = (\hat{X}^{(1)}(1), \hat{X}^{(1)}(2), \hat{X}^{(1)}(3), \hat{X}^{(1)}(4), \hat{X}^{(1)}(5), \hat{X}^{(1)}(6))$$

$$= (\ 934.5,\ 2001,\ 3234.9,\ 4662.5,\ 6314.2,\ 8225.2\ );$$

第五步，还原求出 X^0 的模拟值。由式（3）

$$\hat{X}^{(0)}(k+1) = \hat{X}^{(1)}(k+1) - \hat{X}^{(1)}(k), \quad k=1,2,\cdots,5 可得$$

$$\hat{X}^{(0)} = \left(\hat{X}^{(0)}, \ \hat{X}^{(0)}(2), \ \hat{X}^{(0)}(3), \ \hat{X}^{(0)}(4), \ \hat{X}^{(0)}(5), \ \hat{X}^{(0)}(6) \right)$$

$$= (\ 934.5, 1066.5,\ 1233.9,\ 1427.6,\ 1651.7,\ 1911\ )$$

第六步，残差检验

我们可将模型所得的模拟数据以及还原得出的还原数据与相应数据的残差及相对误差列出如表 8-2：其中残差定义为模拟值与实际值之差，而相对误差定义为残差绝对值与相应实际值的比值。

而由表 8-2 可求出还原数据的残差平方和为

$$s = \varepsilon^T \varepsilon = [\varepsilon(2), \varepsilon(3), \varepsilon(4), \varepsilon(5), \varepsilon(6)] \begin{bmatrix} \varepsilon(2) \\ \varepsilon(3) \\ \varepsilon(4) \\ \varepsilon(5) \\ \varepsilon(6) \end{bmatrix} = 2586$$

平均相对误差 $\triangle = \dfrac{1}{5} \sum_{k=2}^{6} \Delta_k = 1.274\% < 0.05$

精度为二级，误差相对较小，暂时不进行残差修正。因此，可以直接运用上面建立的 GM(1,1)模型进行数据模拟和预测。

表 8-2　残差及相对误差

序号 （年份）	生成数据 模拟值 $\hat{X}^1(k)$	生成数据 实际值 $X^1(k)$	残差 $\varepsilon(k)=$ $X^1(k)-\hat{X}^1(k)$	相对误差 $\Delta_k=$ $\dfrac{|\varepsilon(k)|}{X^1(k)}$	还原数据 $\hat{X}^0(k)$	原始数据 实际值 $X^0(k)$	残差 $\varepsilon(k)=$ $X^0(k)-\hat{X}^0(k)$	相对误差 $\Delta_k=\dfrac{|\varepsilon(k)|}{X^0(k)}$
1（98）	934.7	934.7	0	—	934.7	934.7	0	—
2（99）	2001	2011.4	10.4	0.0052	1066.5	1076.7	10.2	0.0095
3（00）	3234.9	3224.3	−10.6	0.0033	1233.9	1212.9	−21	0.0173
4（01）	4662.5	4666.3	3.84	0.0008	1427.6	1442.0	14.4	0.0100
5（02）	6314.2	6360.8	46.58	0.0073	1651.7	1694.4	42.7	0.0252
6（03）	8225.2	8268.7	43.45	0.0053	1911	1907.8	−3.2	0.0017

这样一来，2004 年的国防经费开支可以这样计算：

我们运用式（4），当 k 取 6 时，代入可得

$$X^{(1)}(7) = 6794.6e^{0.1458k} - 5860.1 = 6794.6e^{0.1458k} - 5860.1 = 10436$$

而 $k=7$ 时，$X^{(1)}(8) = 12994$；

再运用式（3）进行还原得

$$X^{(0)}(7) = 10436 - 8325.2 = 2110.8$$

$$X^{(0)}(8) = 12994 - 10436 = 2558$$

由此看来，该模型对 2004 的国防经费预测结果为 2110.8 亿元，而实际支出为 2117.01 亿元。因此，该灰色预测模型预测精度很大，其预测结果基本贴近实际值。由该模型进行 2005 年的经费预测应该具有很强的说服力。从结果来看，到 2005 年的国防经费预算应达到 2558 亿元。

（二）部分数据建模

灰色系统建模的优越性就在于能较好地解决"少数据、贫信息"的不确定性问题，并且只要有 4 个以上的数据，灰色系统就可以建模。使用四个数据对 2004 年的数据进行预测，看看能不能得到较好的效果。

按照上述同样的步骤，我们仍将 2004 年的数据作为参考数据，不参与建模。数据列表如表 8-3 所示：

表 8-3　国防费支出（部分数据）

年份	2000	2001	2002	2003	2004
国防费	1212.9	1442.04	1694.44	1907.87	2117.01

得到 GM 模型为

$$X^{(1)}(k+1) = 6666.9e^{0.2k} - 5454$$

由此求出 $X^{(1)}$ 的模拟值

$$\hat{X}^{(1)} = \left(\hat{X}^{(1)}(1), \hat{X}^{(1)}(2), \hat{X}^{(1)}(3), \hat{X}^{(1)}(4) \right) = (1212.9, 2689, 4491.8, 6693.9);$$

经还原得出 X^{0} 的模拟值

$$\hat{X}^{(0)} = \left(\hat{X}^{(0)}(1), \hat{X}^{(0)}(2), \hat{X}^{(0)}(3), \hat{X}^{(0)}(4) \right) = (1212.9, 1476.1, 1802, 2175.1)。$$

下面进行残差检验。

首先列出误差检验表：

表 8-4 误差检验表

序号 （年份）	生成数据 模拟值 $\hat{X}^{(1)}(k)$	生成数据 实际值 $X^{(1)}(k)$	残差 $\varepsilon(k)=$ $X^{(1)}(k)-\hat{X}^{(1)}(k)$	相对误差 $\Delta_k=$ $\dfrac{|\varepsilon(k)|}{X^{(1)}(k)}$	还原数据 $\hat{X}^{(0)}(k)$	原始数据 实际值 $X^{(0)}(k)$	残差 $\varepsilon(k)=$ $X^{(0)}(k)-\hat{X}^{(0)}(k)$	相对误差 $\Delta_k=$ $\dfrac{|\varepsilon(k)|}{X^{(0)}(k)}$
1（00）	1212.9	1212.9	0		1212.9	1212.9	0	
2（01）	2689	2654.94	−34.06	0.0130	1476.1	1442.0	−34.06	2.36%
3（02）	4491.8	4352.38	−139.42	0.0320	1802	1694.44	−107.56	6.34%
4（03）	6693.9	6260.25	−433.65	0.0692	2175.1	1907.87	−267.43	14.41%

而由上表可求出还原数据的残差平方和为

$$s = \varepsilon^T \varepsilon = [\varepsilon(2), \varepsilon(3), \varepsilon(4)] \begin{bmatrix} \varepsilon(2) \\ \varepsilon(3) \\ \varepsilon(4) \end{bmatrix} = 84248$$

平均相对误差 $\triangle = \dfrac{1}{3}\sum_{k=2}^{4}\Delta_k = 7.77\% > 0.05$。

残差平方和很大，精度达到三级，在这种情况下，该模型很难达到要求的精度，因此，运用上面建立的 GM(1,1) 模型进行数据模拟和预测分析是有很大风险的。而且，上述残差序列并不满足残差建模的条件，所以也不能进行残差修正。

运用该模型进行预测分析，可以求出 2004 的国防经费预测结果为 2689.9 亿元，而实际支出为 2117.01 亿元，误差达 500 多亿。而运用该模型求出的 2005 年的国防经费预算达到 3285.5 亿元。这与前面的预测结果相比也有很大差距。因此，在进行 GM 建模时应该认识到已知数据的选择在一定程度上影响到所建立模型的精确度。

（三）新陈代谢数据建模

灰色系统理论认为新数据对认知具有更重要的作用，那么，我们可以通过增加新数据获得更为精确的预测模型，即进行新陈代谢数据建模。所谓新陈代谢数据建模，就是在建模的过程中，及时地加入新信息，同时删除掉信息作用变弱的老信息即老数据。这里将 2004 年的数据作为新数据，让其参与灰色建模分析。如表 8-5。

表 8-5　新陈代谢数据

年份	2000	2001	2002	2003	2004
国防费	1212.9	1442.04	1694.44	1907.87	2117.01

根据灰色建模的步骤，得出灰色 GM 时间响应模型为

$$X^{(1)}(k+1) = 12949.9e^{0.1k} - 11737$$

由此求出 $X^{(1)}$ 的模拟值

$$\hat{X^{(1)}} = \left(\hat{X^{(1)}}(1), \hat{X^{(1)}}(2), \hat{X^{(1)}}(3), \hat{X^{(1)}}(4), \hat{X^{(1)}}(5) \right)$$

$$= （1212.9，2574.9，4080，5743.5,7582）$$

经还原得出 $X^{(0)}$ 的模拟值。

$$\hat{X^{(0)}} = \left(\hat{X^{(0)}}(1), \hat{X^{(0)}}(2), \hat{X^{(0)}}(3), \hat{X^{(0)}}(4), \hat{X^{(0)}}(5) \right)$$

$$= （1212.9，1362，1505.1，1663.5，1838.5）$$

经检验,该预测结果的残差平方和为

$$s = \varepsilon^T \varepsilon = [\varepsilon(2), \varepsilon(3), \varepsilon(4)] \begin{bmatrix} \varepsilon(2) \\ \varepsilon(3) \\ \varepsilon(4) \end{bmatrix} = 17954$$

这与前面运用 4 个数据进行建模时的残差平方和相比有了很大改善，但仍然很大，但与上述少数据建模不同，该残差满足建模条件，且可以进行残差修正。

表 8-6 残差

还原数据 $\hat{X^{(0)}}(k)$	原始数据实际值 $X^{(0)}(k)$	残差 $\varepsilon(k) = X^{(0)}(k) - \hat{X^{(0)}}(k)$
1212.9	1212.9	0
1362	1442.04	80.04
1505.1	1694.44	189.34
1663.5	1907.87	244.37
1838.5	2117.01	278.51

取 $k_0=0$，由表 8-6 可得可建模残差尾段为 $\varepsilon^{(0)} = (0, 80.4, 189.34, 244.37, 278.51)$

对此建立 CM（1，1）模型，得 $\varepsilon^{(0)}$ 的 1-AGO 序列 $\varepsilon^{(1)}$ 的时间响应式

$$\varepsilon^{(1)}(k+1) = 348.66e^{0.2985(k-1)} - 348.66 ;$$

其导数还原值为

$$\varepsilon^{(0)}(k+1) = 0.2985 * 348.66e^{0.2985(k-1)} = 104.08e^{0.2985(k-1)}$$

由

$$\hat{x^{(0)}}(k+1) = \hat{x^{(1)}}(k+1) - \hat{x^{(1)}}(k) = (1-e^a)\left(\hat{x^0}(1) - \frac{u}{a} \right) e^{-ak}$$

$$= (1-e^{-0.1})(1212.9 - \frac{1173.7}{-0.1})e^{0.1k}$$

$$= 1232.3e^{0.1k}$$

可得累减还原式的残差修正模型为

$$\hat{x^0}(k+1) = 1232.3e^{0.1k} + 104.08e^{0.2985(k-1)}$$

按此模型，可对 k=2，3，4，5 等四个模拟值进行修正，修正后的精度如表 8-7 所示。

表 8-7　残差修正

序号	原始数据	修正后的模拟值	残差	相对误差
2	1442.04	1466	−23.96	1.66%
3	1694.44	1645.4	49.04	2.89%
4	1907.87	1852.5	55.37	2.9%
5	2117.01	2093.2	23.81	1.12%

可算出残差平方和

$$s = \varepsilon^T \varepsilon = [\varepsilon(2), \varepsilon(3), \varepsilon(4), \varepsilon(5)] \begin{bmatrix} \varepsilon(2) \\ \varepsilon(3) \\ \varepsilon(4) \\ \varepsilon(5) \end{bmatrix} = 6611.8$$

平均相对误差

$$\triangle = \frac{1}{4} \sum_{k=2}^{5} \Delta_k = 2.14\% < 0.05，精度为二级。$$

可以看出，残差修正 GM(1,1)的模拟精度得到了明显提高。因此，可以尝试用修正 GM 模型进行预测分析。

对模型 $\hat{x^{(0)}}(k+1) = 1232.3e^{0.1k} + 104.08e^{0.2985(k-1)}$

当 k=5 时，有

$$\hat{x^{(0)}}(6) = 1232.3e^{0.1k} + 104.08e^{0.2985(k-1)} = 2375.2$$

也就是说，2005 年的国防经费预测数据为 2375.2 亿元。比较起来，该模型预测数据与全数据建模 GM 模型得出的数据比较接近，因此，修正后的 GM 模型与全数据建模的 GM 模型都是可以信任的。

比较一下上面三种情况的建模分析，灰色系统在使用原始数据进行建模时，第一种的 6 个数据和最后一种的 5 个数据能够取得较好的效果，而第二种运用 4 个数据进行建模时得到的模型，可以用来进行预测，但具有一定的风险性。这就说明，新陈代谢模型比老信息模型的预测效果好。事实上，在任何一个会系统的发展过程中，随着时间的推移，将会不断地有一些随即扰动或驱动因素进入系统，使系统的发展相继的受其影响。因此，用 GM(1,1)模型进行预测，精度较高的仅仅是原点数据 $x^0(n)$ 以后的 1～2 个数据。一般说来，越往未来发展，越是远离时间原点，GM(1,1)的预测意义就越弱。在具体应用过程中，必须不断考虑那些随着时间推移相继进入系统的扰动或驱动因素，并随时将每一个新得到的数据置入 $X^{(0)}$ 中，以建立新信息模型。

参考文献

[1][美]罗希，李普希．评估：方法与技术[M]．重庆：重庆大学出版社，2007．

[2]李强，郑海军，李晓轩．科技政策研究之评价方法[M]．北京：科学出版社，2017．

[3]王战军．高等教育监测评估理论与方法[M]．北京：科学出版社，2018．

[4]顾志跃等．如何评课[M]．上海：华东师范大学出版社，2009．

[5]徐兴辉．运筹学基本手册[M]．北京：科学出版社，1999．

[6]郭齐胜等．系统建模[M]．北京：国防工业出版社，2006．

[7]陈迁．决策分析[M]．北京：科学出版社，1987．

[8]谭跃进．系统工程原理[M]．北京：国防科技大学出版社，1999．

[9]张明智．模糊数学与军事决策[M]．北京：国防大学出版社，2005．

[10]邢文训等．现代优化计算方法[M]．北京：清华大学出版社，2000．

[11]Alan Washburn、Moshhe Kress．郭齐胜等译．战斗建模[M]．北京：国防工业出版社，2012．

[12]陈世军．技术评估理论与方法[M]．北京：中国农业大学出版社，2008．

[13]杜栋等．现代综合评价方法与案例精选（第二版）[M]．北京：清华大学出版社，2008．

[14]（美）阿赫等著．标准 CMMI 过程改进评估方法 SCAMPI 精粹[M]．北京：电子工业出版社，2008．

[15]戴维 R．安德森等著，侯文华等译．数据、模型与决策（原书第 13 版）[M]．机械工业出版社，2014．

[16]徐玖平，胡知能．运筹学—数据 模型 决策[M]．北京：科学出版社，2009．

[17]张建林．MATLAB&Excel 定量预测与决策—运作案例精编[M]．电子工业出版社，2012．

[18]王贵强．运筹学上机指南与案例导航—用 Excel 工具[M]．格致出版社，2010．

[19]谭荣波，梅晓仁．SPSS 统计分析实用教程[M]．北京：科学出版社，2007．

[20]王其藩．系统动力学（修订版）[M]．北京：清华大学出版社，1994．

[21]周华任，张晟，穆松等．综合评价方法及其军事应用[M]．北京：清华大学出版社，2015．

[22]张友琴. 大学文化建设的探索与实践[J]. 高教论坛，2013，(7)：47-49.

[23]朱韩兵. 大学文化建设评价指标体系的建构与应用[J]. 陕西学前师范学院学报，2018，34(6)：129-132.

[24]李莉，林萍. 新时期大学文化建设刍议[J]. 淮海工学院学报(人文社会科学版)，2016，14(4)：118-121.

[25]李念祖. 物流运筹学基础[M]. 北京：中国物资出版社，2006.

[26]贾仁安，丁荣华. 系统动力学—反馈动态性复杂分析[M]. 北京：高等教育出版社，2002.

[27]谢金星，邢文训. 网络优化[M]. 北京：清华大学出版社，2000.

[28]商建程. 我国应急物资储备中心建设构想[J]. 中国国防经济，2012，(2)：30-30.

[29]张磊，吴忠. 基于供应链协调的多级库存控制策略分析[J]. 商业经济，2012，(5)：21-22.

[30]侯顺利. 基于蒙特卡洛法的港口船只排队问题[J]. 天津职业院校联合学报，2009，11(5)：95-97.